COMPTE-RENDU ET ÉTUDES

SUR

L'ÉTOILE DU NORD

PAR FÉTIS PÈRE,

DIRECTEUR DU CONSERVATOIRE DE BRUXELLES.

Lyon, 20 novembre 1854.

H. LEFEBVRE,	GEORGE HAINL,
DIRECTEUR.	CHEF D'ORCHESTRE.

LYON
IMPRIMERIE D'AIMÉ VINGTRINIER
QUAI SAINT-ANTOINE, 36

1854

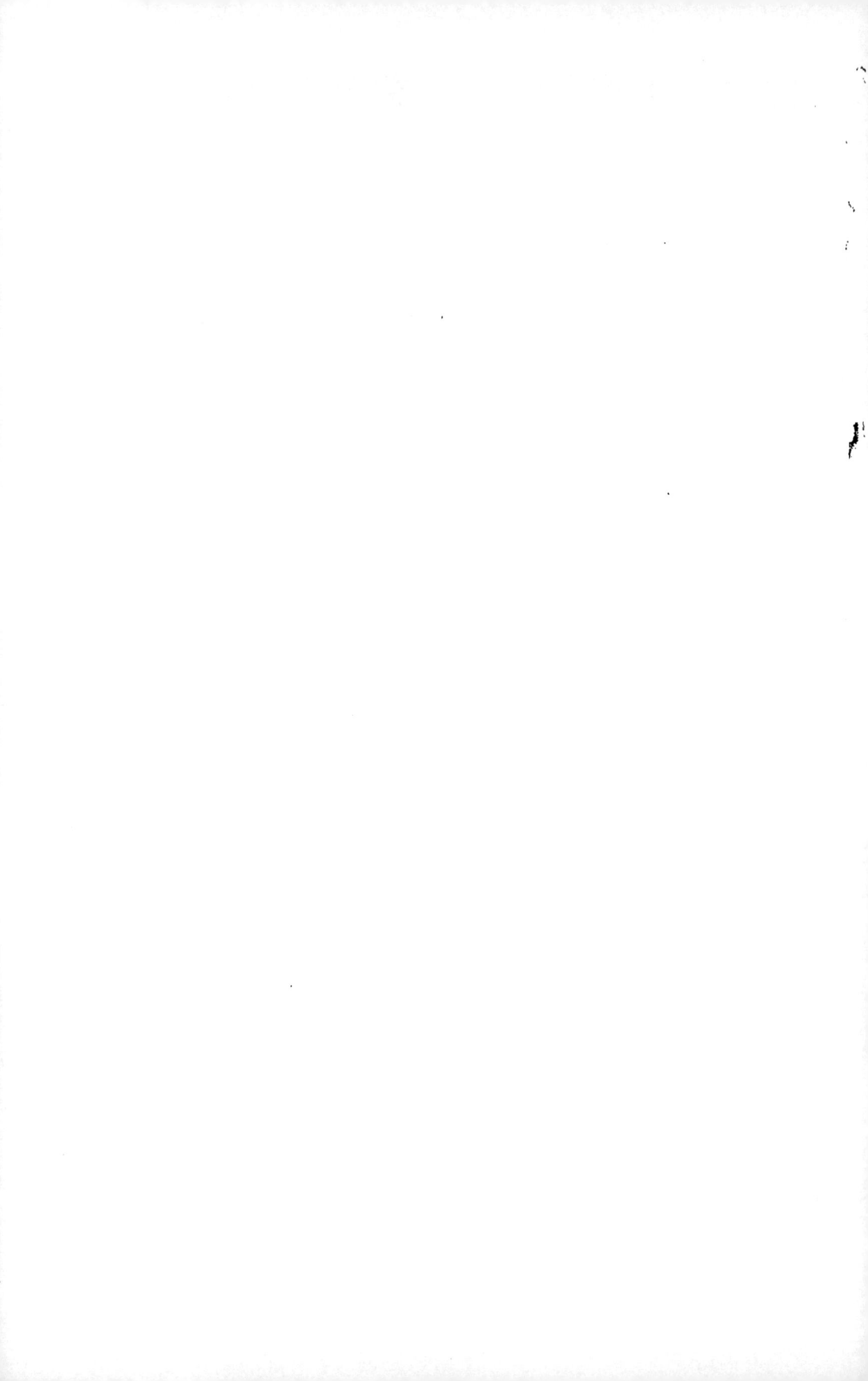

COMPTE-RENDU ET ÉTUDES

SUR

L'ÉTOILE DU NORD.

COMPTE-RENDU ET ÉTUDES

SUR

L'ÉTOILE DU NORD

PAR FÉTIS PÈRE,

DIRECTEUR DU CONSERVATOIRE DE BRUXELLES.

Lyon, 20 novembre 1854.

H. LEFEBVRE, DIRECTEUR. | GEORGE HAINL, CHEF D'ORCHESTRE.

LYON
IMPRIMERIE D'AIMÉ VINGTRINIER
QUAI SAINT-ANTOINE 36
1854

L'ÉTOILE DU NORD

A LYON.

Le public appréciera, nous l'espérons, la reproduction des Études de M. Fétis sur la partition de l'*Étoile du Nord*; cette brochure peut, en effet, servir de guide-analyse au spectateur, et l'aider, en fixant son attention, à apprécier les innombrables beautés, quelquefois un peu abstraites, de cet admirable ouvrage.

Encore une première représentation, encore un triomphe pour le chef-d'œuvre de Meyerbeer. *L'Etoile du Nord* est apparue le 20 novembre sur le Grand-Théâtre de Lyon. Monté avec un soin digne de son importance, l'ouvrage a été exécuté d'une manière irréprochable. Les artistes ont fait assaut de talent; les chœurs et l'orchestre, que George Hainl a augmentés cette année, n'ont rien laissé à désirer. Jamais les chœurs n'avaient attaqué avec une pareille audace; jamais l'orchestre n'avait montré plus de vigueur et de précision dans les rhythmes, plus de délicatesse dans les nuances. Tel est le fruit d'une éducation qui n'a pas coûté moins de quinze ans d'efforts et de travail au chef éminent à qui l'honneur en appartient.

Le rôle de Peters était confié à Belval, première basse de grand opéra. Cet artiste a bien compris le personnage et l'a rendu avec une rare perfection. Belle physionomie, distinction remarquable, voix magnifique, telles sont les qualités que Belval possède. Il réunissait donc toutes les conditions voulues : aussi les applaudissements du public l'ont-ils accompagné pendant toute la représentation.

Mme Barbot chantait le rôle de Catherine. Cette belle jeune femme, que vous aurez l'an prochain à Paris, est du petit nombre de ces artistes pour qui rien n'est fait tant qu'il reste quelque chose à faire. Elle n'a pas épargné les études pour arriver à rendre exactement et en mesure les difficiles vocalises du trio de la tente, au second acte. Il est douteux qu'après Mlle Duprez il existe une cantatrice qui puisse y réussir mieux que Mme Barbot. Grâce, finesse, énergie dans le jeu et dans le chant, voilà ce dont Mme Barbot a doté ce grand rôle de Catherine, et ce qui lui a valu d'être applaudie avec transport, rappelée avec tous les artistes à la fin du spectacle.

Barbot jouait le rôle de Danilowitz, et il y a été, comme le demandait le rôle, spirituel dans le dialogue, merveilleusement exact dans les morceaux d'ensemble. Sa présence a singulièrement contribué à la bonne exécution du quintette de la tente.

Dans le rôle de Prascovia, Mme Rauis a mérité des éloges, par sa jolie voix, ses vocalises brillantes et audacieuses, son trille vigoureux et agile. Filliol a donné une excellente couleur au rôle de Gritzenko : il y a été non moins plaisant qu'Hermann-Léon. Boulège, dans le rôle de George, n'a besoin que de s'animer un peu ; nous en dirons autant des deux vivandières.

Les morceaux les plus immédiatement compris, les plus applaudis, ont été, au premier acte, l'admirable ouverture, le chœur de la Finlande, les couplets de Catherine, le duo de Catherine et de Pierre, les couplets de Prascovia et le finale, si nouveau, si inattendu ; au second acte, les couplets de l'infanterie et de la cavalerie, le trio et le quintette ; la cabalette chantée par Pierre a excité l'enthousiasme, ainsi que le finale , surtout à l'explosion des trois orchestres. Au troisième acte, la romance de Pierre, les délicieux couplets de Prascovia, la scène de folie, ont produit un immense effet.

Vous savez déjà quelle a été la part des chœurs et de l'orchestre, dont le personnel, aussi nombreux que celui de l'Opéra-Comique, ne compte pas sans doute autant d'instrumentistes de talent, et qui pourtant excelle à rendre la musique de Meyerbeer ; il est familiarisé de longue date avec son style et ses beautés. Il l'a prouvé notamment dans l'exécution de l'ouverture et du finale du second acte. Les deux flûtistes, MM. de Miramont et Nouvelaërs, ont admirablement secondé Mme Barbot dans la dernière scène du troisième acte. Il faut adresser aussi des compliments au harpiste, M. Dutertre.

L'administration s'était mise en frais pour honorer l'œuvre de Meyerbeer. Les trois décorations sont neuves ainsi que tous les costumes, qui brillent par une sévère exactitude. Un abonné qui a vu la pièce à Paris disait : Il n'y manque pas une épingle. Le directeur, M. Lefebvre, et le chef d'orchestre, George Hainl, ont donc reçu, dès le premier jour, le tribut de félicitations, d'actions de grâce, qui leur revient de droit. Quel concours de talent et de zèle, mais aussi, en récompense, quel succès !

Lyon, le 21 novembre 1854.

***

(*Revue et Gazette musicale de Paris.*)

(Correspondance lyonnaise).

COMPTE-RENDU ET ÉTUDES

SUR

L'ÉTOILE DU NORD

PAR FÉTIS PÈRE,

DIRECTEUR DU CONSERVATOIRE DE BRUXELLES.

Une œuvre nouvelle de Meyerbeer, c'est plus qu'une occasion de plaisir pour Paris ou pour Berlin : c'est un événement pour le monde ; ce n'est pas seulement une émotion pour l'artiste : c'en est une pour le plus humble habitant de la plus modeste demeure ; car le nom de Meyerbeer est le symbole de la popularité la plus universelle. Il retentit des rives de la Néva aux bords de l'Orénoque, et partout il réveille le souvenir de profondes impressions produites par le talent de l'illustre maître. A l'annonce d'une production nouvelle de sa verve dramatique, on ne met pas en doute l'accueil qui lui sera fait ; on ne s'informe pas si elle a réussi : elle est de Meyerbeer ! ce nom seul est un talisman : c'est celui du succès. Je ne causerai donc l'étonnement de personne en disant au public quels transports d'enthousiasme a fait naître la partition de *l'Étoile du Nord*, car tout le monde en a eu la prévision ; mais ce qu'on ne pouvait prévoir, c'est la transformation nouvelle d'un talent qui déjà s'était modifié plusieurs fois : transformation qui va plus loin que l'individualité de l'artiste ; car c'est l'introduction pratique de l'art dans une voie nouvelle qui conduit à des trésors de mélodie et d'harmonie, à des accents inconnus, au charme de l'émotion imprévue, à l'inépuisable variété des formes. Je n'entreprendrai pas, dans un premier article, l'analyse de cette révolution musicale qui laissera des traces profondes dans l'avenir, parce que j'ai à parler d'abord du sujet et de la conduite du livret de *l'Étoile du Nord*, de l'effet général de l'œuvre du compositeur, du talent des exécutants et de l'impression produite par la première représentation ; dans les articles suivants, la musique seule m'occupera.

Un épisode de la vie de Pierre-le-Grand et de la première Catherine, impératrice de Russie, a fourni le sujet, ou plutôt le prétexte de l'opéra intitulé *l'Étoile du Nord*. Voici comment M. Scribe a conçu sa fable :

Pierre Ier, empereur de toutes les Russies, alors moins étendues que de nos jours, ce Pierre Ier que l'histoire a qualifié de *grand*, parce que son génie fit oublier ses défauts, ce Pierre, enfin, qui, voulant avoir une marine, s'était fait charpentier dans la Nord-Hollande pour y étudier la construction des navires, venait de triompher à Pultawa de la bravoure et du génie de Charles XII, roi de Suède. Sous le nom de *Péters Michaëlof*, et sous le costume d'un ouvrier, il parcourt ses Etats pour les connaître. Arrivé dans un village près de Wiborg, sur le golfe de Finlande, il y a été frappé d'un coup de sang à la suite d'un de ces accès de colère sauvage auxquels il s'abandonnait trop souvent. Ses compagnons l'ont quitté ; mais une jeune fille, Catherine Skavronska, l'a secouru et lui a prodigué des soins jusqu'à son entière guérison. La reconnaissance de Péters pour cette jeune fille a fait place à un sentiment plus tendre, partagé par Catherine. Née dans l'Ukraine et fille d'une de ces diseuses de bonne aventure que la crédulité populaire transforme en magiciennes, Catherine, devenue orpheline, s'est éloignée du pays qui l'a vue maître avec son frère, Georges Skavronski, et, pratiquant l'art de sa mère, elle est arrivée dans la Finlande. Là, elle a pris la résolution de chercher ses moyens d'existence dans une profession plus lucrative et s'est fait cantinière. En moins de deux ans son petit commerce d'eau-de-vie a prospéré. De son côté, Georges a embrassé l'état de menuisier ; de plus, possédant un certain talent sur la flûte, il fait danser les jeunes filles et donne des leçons de son instrument. Mais autant il y a d'énergie dans l'âme de Catherine, autant son frère montre de faiblesse de caractère. Ainsi qu'il le dit lui-même, c'est Catherine qui est l'homme dans leur maison.

Péters, retenu dans le village par son amour, y travaille dans l'atelier des charpentiers, et s'est fait élève de Georges, afin d'avoir un prétexte pour fréquenter sa maison. Dans ce même village se trouve un autre Moscovite nommé Danilowitz, qui y exerce l'état de pâtissier. Au lever du rideau, les ouvriers se reposent des fatigues du travail et boivent de l'eau-de-vie ; ils invitent Péters à les imiter ; mais celui-ci veut prouver à Catherine qu'il peut se défendre de l'ivrognerie et éviter les disputes : il reste au travail. En ce moment arrive Danilowitz, portant des corbeilles de gâteaux, et invitant les ouvriers et les jeunes filles à en prendre ; il les donne même à crédit, motif déterminant pour un grand nombre d'acheteurs. Des ouvriers lui offrent en paiement de l'eau-de-vie qu'il accepte ; mais à ce toast qu'on lui propose :

Buvons, amis ! buvons à la Finlande,
A notre roi dont la gloire est si grande !
A Charles douze !.....

Danilowitz répond par ces mots : *Je bois au czar, à Pierre premier* ! De là, querelle, défi. Frappé de son trait de courage et de dévoûment, Péters est venu se ranger près de Danilowitz. Un combat inégal va s'engager ; mais la cloche du port sonne la rentrée au travail, et l'on se sépare. Restés seuls, Danilowitz et Péters s'interrogent sur leurs aventures et leurs projets. Dégoûté de son état et ambitieux, le pâtissier se propose de quitter le village et de se faire soldat : il rêve la gloire, les grades, les honneurs. Péters l'encourage dans ses projets et lui propose de partir ensemble, ce qui est accepté. Danilowitz s'éloigne pour aller se préparer au départ.

Resté seul, Péters se plaint de l'absence de Catherine ; mais Georges paraît et lui apprend qu'elle est allée demander pour son frère la main de Prascovia, nièce du cabaretier Reynold. En attendant son retour, Georges propose de boire un verre d'eau-de-vie à ses attraits, à ses bonnes qualités : il n'en faut pas davantage pour faire oublier à Péters son serment de tempérance. Pour un toast semblable, dit-il à Georges, tu verseras longtemps, tu verseras toujours. Dans le moment même où l'amour lui fait perdre le souvenir de la parole donnée, Catherine paraît et leur reproche le goût ignoble auquel ils s'abandonnent. Cependant elle annonce à son frère le consentement de Reynold à l'union de sa nièce avec Georges, et jouit de sa joie. Moins indulgente envers Péters, elle lui parle de ses défauts avec une rude franchise, lui rappelle son humeur querelleuse, sa colère et son despotisme. Péters souffre impatiemment ses remontrances ; il s'emporte contre elle, et même il est prêt à la frapper ; mais elle, fière et noble, lui dit : *Tu n'es pas encore mon seigneur et maître !*

En voyant briller par moments dans les yeux de Péters un feu noble, quelque chose qui indique un homme plus qu'ordinaire, elle s'est rappelée ce que lui avait dit sa mère la nuit de sa mort, au moment où elle cherchait à lire dans les astres. *Catherine*, lui avait-elle dit, *chacun a son étoile. La tienne qui brille au nord, au-dessus de toutes les autres, te réserve de bizarres destinées... Quelqu'un viendra qui, par son mérite s'élèvera !... bien haut... et cette fortune, qu'il te devra en partie, il la partagera avec toi !* Mais les défauts qu'elle reconnaît en Péters lui laissent peu d'espoir de voir réaliser ses rêves d'avenir. Cependant, quoi qu'elle en dise, elle aime cet homme à qui elle montre plus de sévérité que de tendresse. Elle laisse voir le sentiment qui l'anime pour lui, lorsque Péters, fatigué de ses dédains, lui annonce qu'il va s'éloigner et ne la reverra plus.

Ces débats sont interrompus par l'arrivée de Prascovia qui, frappée de terreur, annonce qu'une avant-garde de l'armée russe, composée de Kalmoucks, de Baskirs et d'autres troupes irrégulières, vient d'entrer dans le village et le met au pillage. A ces mots, Péters ne veut plus partir; il reste pour protéger Catherine, et seul, armé de sa hache, il affrontera cette horde de barbares. Mais cette fille extraordinaire, qui, de loin, reconnaît dans le costume de ceux-ci les Tartares de l'Ukraine, sa patrie, se charge d'écarter seule le danger, et défend à Péters d'entreprendre une résistance inutile. Elle l'oblige à s'éloigner, et rentre dans sa maison avec son frère et sa fiancée. Bientôt paraissent ces Tartares. Leur aspect n'a rien d'agréable, et l'on comprend que de pauvres campagnards ont plus d'un danger à redouter avec eux. Ils s'élancent sur l'escalier qui conduit à la maison. Mais Catherine paraît vêtue en magicienne, et les arrête d'un geste en les menaçant tous de la mort s'ils font un pas en avant. Ils reculent avec crainte. Elle les suit, vient se placer au milieu d'eux, et les charme en leur chantant un air de leur pays, dont ils redisent le refrain en chœur; puis elle prédit au chef une destinée heureuse après avoir regardé sa main, et, profitant de l'ascendant qu'elle exerce sur eux, elle les fait s'éloigner.

Cependant d'autres événements se préparent et menacent le bonheur du frère de Catherine. Le commandant du corps d'armée russe a frappé le village d'une contribution de douze recrues, et Georges est appelé sous les drapeaux. Sa fiancée se désespère; mais Catherine calme sa douleur en lui promettant de lui trouver un remplaçant qui fera son service pendant quinze jours. Pendant ce temps, le mariage aura lieu; mais, les quinze jours écoulés, Georges devra rejoindre son corps. Le remplaçant, c'est Catherine elle-même. Elle prend les habits de son frère, et pendant que la noce entre à l'église, on la voit s'embarquer avec les soldats. Ainsi finit le premier acte.

Au second, la scène est dans le camp du corps d'armée russe. Les soldats se divertissent par les chants, par la danse, et un caporal des grenadiers de la garde exerce les recrues. Ce caporal, c'est Gritzenko, ce chef des Tartares qu'on a vu au premier acte, et à qui Catherine a prédit ce changement dans sa fortune. La ressemblance du jeune soldat Georges avec la bohémienne le frappe : il exprime son étonnement ; mais le prétendu Georges explique cette ressemblance en lui disant que la bohémienne est sa sœur. Sans le savoir, le caporal est l'agent d'une conspiration qui se trame dans le camp contre la vie de l'empereur, lequel n'a jamais paru dans ce corps d'armée. Il ne sait pas lire, et les papiers remis entre ses mains sont confiés à Catherine, qui découvre ainsi l'existence du complot. Cependant, l'ignorance où elle est de l'identité de l'empereur et de Péters lui fait recevoir cette communication avec assez d'indifférence.

Tout à coup les trompettes sonnent, les tambours battent, et les colonels rassemblent leurs troupes que vient passer en revue le général Tchérématef. La revue terminée, ce général, qui a reçu des ordres secrets, fait élever une tente destinée à l'empereur, qui bientôt arrive, accompagné de son favori Danilowitz, le pâtissier devenu lieutenant. Il est nuit, et la tente est éclairée par des bougies. *Pour tout autre que pour vous*, dit le czar au général, *je ne suis ici que le capitaine Péters*. Il est instruit de l'esprit d'insubordination qui agite l'armée ; il sait, de plus, que les Suédois sont en marche pour surprendre le camp, et il a donné des ordres pour que deux régiments fidèles et dévoués y arrivent. Au moment où le général se retire, l'empereur lui donne l'ordre d'envoyer dans sa tente deux jolies cantinières qu'il a remarquées en arrivant au camp. Pendant ce temps, le caporal Gritzenko est venu placer aux abords de la tente trois factionnaires, au nombre desquels est le jeune soldat Georges, c'est-à-dire Catherine.

Un souper est servi : l'empereur fait retirer tout le monde.

puis il défie Danilowitz à une lutte le verre à la main. *Tu ne sais pas boire*, lui dit-il. — *Ce n'est pourtant pas faute d'étudier*, répond le favori. Tous deux se mettent à table. La lutte commence et les bouteilles se vident rapidement. Pendant ce temps, Catherine s'est approchée de la tente ; elle y jette un coup d'œil par une des ouvertures, et son émotion peut à peine se contenir quand elle reconnaît Péters et Danilowitz sous des habits militaires. Leur intempérance la révolte ; mais ce n'est rien encore. Bientôt arrivent les cantinières ; les joyeux convives se font verser à boire par elles et les invitent à chanter. Elles proposent des ballades ; mais les ballades sont bien fades, ce n'est pas ce qu'il faut ici ; on entonne les chansons soldatesques, les têtes se montent ou plutôt se perdent ; Pierre, hors de lui, caresse ces femmes et les embrasse ; Catherine pousse un cri d'horreur. En ce moment arrive le caporal qui vient la relever de sa faction, mais elle refuse de s'éloigner ; il insiste et s'emporte ; elle lui donne un soufflet ; les soldats l'entourent aussitôt et l'arrêtent. Pendant ce temps, Danilowitz s'est éloigné pour donner des ordres. Les cantinières, au bruit qui se fait au dehors de la tente, en ouvrent les rideaux ; alors le caporal, apercevant l'officier qui s'y trouve, y pénètre avec le jeune soldat et rend compte de l'outrage qu'il vient de recevoir. Pierre, dont l'ivresse est au comble et qui ne distingue plus rien, s'écrie : *Qu'on le fusille !* En vain Catherine lui dit avec désespoir : *Péters, reviens à toi, reconnais-moi ! — Qu'on le fusille !* crie-t-il une seconde fois. On entraîne Catherine qui ne cesse de crier : *Péters, Péters, reconnais-moi !*

Ces derniers cris ont été entendus confusément par le czar. Il se lève, frappe du pied pour dissiper son ivresse, et la force morale revenant enfin par degrés, il parvient à se rendre compte de ce qui s'est passé. Apercevant alors le caporal, il lui donne l'ordre de courir, d'empêcher l'exécution et de ramener le jeune soldat sous peine de mort sous le knout. Le danger donne des ailes à Gritzenko. Bientôt après Danilowitz reparaît, et le caporal revient, mais seul. Il a pu arriver à temps pour empêcher le meurtre du soldat, qui lui a remis une lettre pour Péters ; mais au moment où tous deux passaient sur le bord d'un fleuve pour revenir à la tente, le soldat s'est jeté à la nage, se dirigeant vers l'autre bord. Au désespoir, Pierre se saisit de la lettre, l'ouvre et y trouve son anneau qu'il avait donné à Catherine. *Vous ne me reverrez plus*, lui dit-elle : *mais si vous voulez arriver à la plus haute fortune, remettez à l'empereur les papiers que je joins à cette lettre.* Ces papiers, dont Danilowitz se saisit, sont ceux qui dévoilent la conspiration et révèlent les noms des chefs. Pierre, absorbé par sa douleur, y donne peu d'attention ; mais on enlève la tente et les conjurés se réunissent. *Êtes-vous avec ou contre nous?* demandent les chefs. *Avec vous*, s'écrie Danilowitz. Alors les conjurés font serment de mettre à mort l'empereur et d'appeler à leur aide les Suédois au signal de *la marche sacrée*. Cette scène achève de dissiper l'ivresse de Pierre. « Eh quoi? c'est « pour vous venger de l'empereur que vous allez livrer le pays à « l'étranger ! Sans trahir la patrie, je m'engage, moi, à vous livrer « le czar seul et sans défense. — Et qui donc êtes-vous? — Je « suis le czar; frappez ! » A ces mots tous tombent à ses pieds, et dans le même moment, les deux régiments attendus paraissent sur les hauteurs. Le rideau tombe sur ce tableau.

Au troisième acte, Pierre est dans son palais, retiré dans un cabinet où Danilowitz a seul le droit de pénétrer. Rien n'a pu dissiper sa douleur. Le travail même parvient rarement à la suspendre. Toutes les recherches pour retrouver Catherine ont été vaines. Danilowitz seul conserve encore l'espoir de ressaisir ses traces. Ingénieux à se retracer les jours heureux qu'il a passé près de son amie, le czar a fait élever dans ses jardins la représentation exacte du village où elle avait fixé sa demeure, ainsi que de sa chaumière, et a donné des ordres pour que des habitants de la Finlande y fussent amenés. Tout ceux qui ont connu Catherine doivent s'y trouver. Ses entretiens avec son favori roulent presque uniquement sur ce sujet. Au moment même où ils en parlent, un soldat ose pénétrer dans le cabinet. Il vient annoncer l'arrivée des Finlandais. Pierre ordonne qu'on les reçoive et qu'ils soient bien traités ; puis il fait signe au soldat de se retirer. Mais ce n'est pas le compte de celui-ci. Ce soldat n'est autre que le caporal Gritzenko. Il a de l'ambition, et, profitant du moment où il est près de l'empereur, il lui demande l'honneur d'arriver jusqu'au grade de sergent, se fondant sur ce qu'il a reçu... — Quoi, des blessures? — Non, un soufflet. A ce mot, Pierre rappelle ses souvenirs, et la fureur éclate dans ses yeux, car ce misérable soldat est la cause première de tous ses chagrins. Cependant il l'interroge encore, espérant trouver dans ses réponses quelques indications qui pourront le mettre sur la trace de Catherine. Dans sa stupidité, Gritzenko se persuade que la colère de l'empereur vient de ce qu'il a laissé échapper un prisonnier. Il s'excuse de son mieux. S'il n'a pas empêché la fuite de ce jeune soldat, c'est qu'il a été pris au dépourvu. Il a fait du moins ce qui dépendait de lui pour le punir ; car, ne pouvant le suivre à la nage, il lui a tiré un coup de mousquet, et il est certain de l'avoir touché. A ce dernier trait, Pierre s'élance sur sa hache de charpentier qui repose près de lui, et va l'en frapper, mais Danilowitz arrête son bras. *Je te donne vingt-quatre heures pour retrouver ce jeune homme ou pour être fusillé!* s'écrie le czar en sortant.

Arrivent bientôt après Georges et sa fiancée. Georges vient remplacer sa sœur qui s'est sacrifiée pour lui, et qu'il a longtemps oubliée. Une scène de quiproquo s'engage avec le caporal, dont l'intelligence ne va pas jusqu'à expliquer qu'il y ait deux Georges qui ne sont que le même soldat, mais qui se saisit de celui-ci pour le livrer à l'empereur.

Je passe des détails qui sont sans intérêt pour le nœud du drame et arrive à la scène où Pierre rentre dans son cabinet plein d'agitation. Il vient d'entendre une jeune fille chanter, et cette voix, il ne s'y est pas trompé, c'est celle de Catherine. *Que signifie ceci?* dit-il à Danilowitz. *Catherine est ici, et vous me la cachez!* Le favori avoue que c'est sa voix que le czar a entendue. Mais si elle est dans son palais, elle n'en est pas moins perdue pour lui.

La scène dont elle a été témoin, la mort qui a failli la frapper, ce fleuve qu'elle a traversé à la nage, la blessure qu'elle y a reçue, ont été des secousses trop violentes pour elle, et sa raison s'est égarée. Une vieille femme l'a recueillie sans la connaître et l'a rendue à la vie ; mais ne pouvant obtenir d'elle aucun renseignement, elle avait perdu l'espoir de retrouver sa famille, lorsque la récompense promise par lui, Danilowitz, à qui la ramènerait, a conduit cette femme jusqu'au palais avec l'infortunée Catherine.

A ce récit, Pierre ordonne qu'une épreuve, la seule qui puisse la ramener à la raison, soit tentée. Il veut qu'on la laisse libre et que tout le monde se retire. Elle pénètre dans le cabinet de l'empereur, et bientôt la cloison qui cache le village disparaît. Les amis de Catherine y sont tous. Ce spectacle la frappe ; mais elle le prend pour un rêve, car elle a le sentiment de la perte de sa raison. Toutefois, son attention est fixée par un nouvel incident : une flûte se fait entendre et répète une mélodie que Catherine chantait autrefois. Cette flûte, ce n'est pas son frère qui en joue, car il est près d'elle : qui donc ? Péters ! Bientôt elle unit sa voix à l'instrument avec une émotion qui s'accroît par degrés. Le couplet fini, la flûte se tait ; alors elle invite Georges à jouer à son tour la cantilène ; l'autre flûte la redit en écho, et la voix de Catherine s'y joint de nouveau en exprimant son retour progressif à la raison. A la fin du trio, Pierre se précipite vers elle ; Catherine pousse un cri et s'évanouit. Alors des dames apportent les habits et les ornements impériaux : on l'en revêt, et Pierre lui pose la couronne sur la tête. Elle revient à elle ; ses mains touchent ses vêtements ; elle les porte à sa tête et s'écrie : *O ma mère, ta prédiction s'accomplit !* Puis elle aperçoit Pierre et se jette dans ses bras.

Voilà une analyse bien longue ! J'aurais voulu la faire plus courte, mais les fils dont cette trame est tissue sont si légers, si déliés, qu'il est difficile de les saisir en l'absence de la représentation. L'objet principal que s'est proposé M. Scribe en traitant un sujet connu dans l'histoire, mais périlleux pour la scène, a été de fournir des situations au compositeur, et l'on doit avouer qu'il lui a fait une large part. Dans un ouvrage de ce genre, la musique est l'objet principal : accoutumé à travailler avec Meyerbeer, M. Scribe le sait et se sacrifie de bonne grâce.

Dès qu'on a su que l'auteur aimé du public écrivait un opéra-comique pour Meyerbeer, on a dit que cet ouvrage avait pour objet d'y transporter la musique du *Camp de Silésie*, opéra de demi-caractère, et en quelque sorte, de circonstance, composé par Meyerbeer à Berlin, il y a environ dix ans. Peut-être l'illustre maître a-t-il eu originairement le projet de cette transformation de son ouvrage; mais il est de ces artistes rares qui ne s'attachent pas à l'économie du travail, et qui font trois morceaux pour la même situation plutôt que de s'obstiner à y faire entrer de force une ancienne composition. C'est ainsi que, successivement, les morceaux du *Camp de Silésie* ont disparu pour faire place à de nouvelles et très-heureuses inspirations. Aujourd'hui, la partition de l'*Étoile du Nord*, formée de dix-neuf morceaux de musique, non compris l'ouverture, ne renferme plus du *Camp de Silésie* qu'une ronde bohémienne, chantée par Mlle Duprez au premier acte (*Il sonne et résonne*), l'introduction du second, une partie du finale, et enfin le trio de la voix et des flûtes à la fin du troisième. Tout le reste a été composé nouvellement, et plusieurs morceaux, fort beaux, d'ailleurs, ont été supprimés, pour donner à l'action dramatique une allure plus rapide.

Parmi les morceaux dont l'effet a été irrésistible, je citerai, au premier acte, l'introduction ; la chanson d'Hermann-Léon (*Enfants de l'Ukraine*) ; la ronde bohémienne de Mlle Duprez ; le duo de Mlle Duprez et de Battaille (*De quelle ville es-tu?*), magnifique composition ; le chœur charmant et original des jeunes filles (*Prenez vos habits*), au commencement du finale ; et les couplets de Mlle Lefèbvre, plus ravissants encore (*En sa demeure*). Au second acte, l'introduction avec les couplets militaires chantés par Ricquier-Delaunay et par Hermann-Léon ; ces derniers, surtout, avec la reprise du chœur et la délicieuse phrase mélodique des ténors, ont fait naître un véritable enthousiasme ; toute la scène de la tente, le trio entre Mlle Duprez, Battaille et Mocker ; les couplets des vivandières (*Sous les vieux remparts*), et le quintette (*Cessez ce badinage*) ; enfin, le finale, où la marche sacrée, le chœur et les musiques des deux régiments, en des tons différents, se combinent avec l'orchestre et produisent un effet entraînant. Au troisième acte, se trouve une introduction instrumentale ou *entr'acte*, d'un effet charmant, qu'on n'a pas remarqué, parce que le bruit occasionné par les personnes qui rentraient dans les loges ou reprenaient leurs places, n'a pas permis de l'entendre ; mais la belle romance de Battaille (*O jours heureux !*) celle de Mlle Lefèbvre (*Sur son bras m'appuyant*), et le finale, avec le trio de Mlle Duprez et des deux flûtes, ont excité les applaudissements de toute la salle. Plusieurs de ces morceaux ont été *bissés*, ce qui n'a pas peu contribué à allonger la représentation.

Il n'y a que des éloges à donner aux artistes qui ont contribué à l'exécution. Battaille, excellent acteur et chanteur, comme on sait, s'est surpassé dans le rôle de Pierre Ier, et en a fait une véritable création. Mlle Caroline Duprez n'est pas seulement une cantatrice remarquable dans le rôle de Catherine, car sa diction, sa parfaite intelligence, le naturel de ses gestes, de sa démarche et de ses mouvements donnent à son action dramatique un très-grand intérêt. Mocker, dans le rôle de Danilowitz, a l'entrain et la grâce qu'on lui connaît ; Hermann-Léon est très-plaisant dans son personnage grotesque ; Mlle Lefèbvre est charmante dans le rôle de la fiancée ; Jourdan a de la verve et de la naïveté dans celui de Georges ; enfin, Mlles Lemercier et Decroix chantent aussi bien qu'elles jouent les deux vivandières du second acte, et Ricquier-Delaunay dit d'une voix très-franche et de la manière la plus satisfaisante ses couplets militaires (*Beau cavalier au cœur d'acier*).

A la manière dont les chœurs ont été chantés, il est aisé de voir que le maître a passé par là ; car ils n'ont rien laissé à désirer, pour l'énergie, pour la finesse, pour le rhythme, ni pour la justesse

Cette perfection était d'autant plus nécessaire que les chœurs occupent une place très-importante dans l'*Étoile du Nord*, et que le compositeur leur a donné un intérêt égal à celui des meilleurs morceaux d'ensemble exécutés par les chanteurs les plus renommés. Tels sont les résultats auxquels on peut parvenir par le dévoûment à l'étude et par la patience.

Honneur à l'orchestre de l'Opéra-Comique ! Depuis longtemps il est considéré, avec raison, comme un des meilleurs de Paris ; mais cette fois il s'est surpassé. Dans cet orchestre se trouvent, comme on sait, des artistes devenus célèbres comme solistes ; mais cela ne suffit pas pour obtenir une parfaite exécution d'ensemble ; c'est même quelquefois un obstacle à l'exactitude de cette exécution, lorsque ces talents d'exception apportent dans l'ensemble leur sentiment individuel. Point de ces effets magiques que produit quelquefois l'exécution instrumentale, si tous les artistes ne se résolvent à se fondre en un seul, c'est-à-dire à recevoir l'impulsion d'un seul sentiment, qui d'abord est celui de l'auteur, et devient ensuite celui d'un chef d'orchestre intelligent et chaleureux. Ce chef n'a pas manqué à l'exécution de l'*Étoile du Nord*. A voir le dévoûment complet, l'attention aux moindres détails, et l'animation du geste de M. Tilmant dans la direction de son orchestre, pendant l'exécution du nouvel ouvrage de Meyerbeer, il était évident qu'il y avait là une âme d'artiste, âme communicative et sympathique.

Je ne terminerai pas sans payer à M. Perrin, directeur de l'Opéra-Comique, le tribut d'éloges qui lui est dû pour la mise en scène de l'*Étoile du Nord*. En homme de goût et d'intelligence, il a jugé la portée de cette œuvre, et n'a reculé devant aucun sacrifice pour lui faire produire tout l'effet dont elle était susceptible. Tout est fait largement, sans parcimonie, sans réserve, dans les décors, costumes et accessoires de cet ouvrage. L'exactitude historique, le goût, l'élégance, se font remarquer jusque dans les moindres détails, et, pour la première fois, l'Opéra-Comique rivalise avec l'Académie impériale de musique.

Je ne connais pas d'étude plus intéressante que celle des phases du talent d'un grand artiste. Il n'en est pas qui puisse être plus utile à la direction d'un jeune homme entrant dans la carrière avec le sentiment et l'instinct de l'art, mais ne sachant encore apprécier ses propres qualités, ni distinguer celles par lesquelles il peut marquer sa place. Cependant, ce n'est pas de cela que s'occupent les commençants, car ils ne connaissent de leur modèle que les œuvres qui l'ont immortalisé. Aucun ne s'informe par où il a passé pour arriver à leur production ; aucun ne sait par quelles transformations d'idées et d'opinions ce modèle a successivement renoncé à ses premiers penchants, sacrifié ce qu'il avait d'abord emprunté de la formule d'autrui, pour se renfermer dans le domaine de sa personnalité, et développer ce qui, dans ses propres facultés, devait être le caractère distinctif de son talent. L'amour-propre aidant, tout jeune compositeur veut être Beethoven, Meyerbeer, Weber, tels qu'il les connaît par leurs plus beaux ouvrages, et tout bas se dit volontiers qu'il est leur égal, parce qu'il les imite.

Il est une vérité incontestable pour quiconque sait observer : c'est qu'il n'y a point de grand et solide talent dès le début ; c'est que les plus belles productions d'un artiste sont celles de la maturité de l'âge et des résultats de l'étude. Cela est sans exception. Si Raphaël, si Mozart semblent donner un démenti à cette règle, la contradiction n'est qu'apparente ; car ces grands hommes, ayant commencé à produire dès leur enfance, ont subi dans la jeunesse les transformations que d'autres n'éprouvent que dans l'âge mûr. Les premiers instincts de Raphaël furent l'imitation des peintres grecs du XIVe siècle ; puis il devint l'élève et l'imitateur du Pérugin ; dès l'âge de quinze ans il produisait déjà des tableaux qu'on avait peine à distinguer de ceux de son maître. A dix-sept ans il se modifiait ; et dans le tableau d'une sainte Famille qu'il exécuta à Fermo, avec une signature qui ne laisse pas de doute sur la date de son ouvrage, il fit apercevoir déjà ce sentiment de grâce ineffable qui charme dans toutes ses madones, et qui est le caractère le plus absolu de sa personnalité, quoique l'étude de l'antiquité et la vue du *Jugement dernier* de Michel-Ange aient développé plus tard en lui celui de la grandeur qu'on admire dans tous ses ouvrages des salles du Vatican, dans le saint Paul prêchant devant l'Aréopage, et dans ses magnifiques cartons si connus des artistes. C'est au moment où il exécute ces grands travaux qu'il parvient au plus haut degré du talent le plus sublime, et qu'il se manifeste par ses deux qualités transcendantes, à savoir : la force du sentiment et l'originalité, c'est alors qu'il cesse de vivre, et pour lui la vieillesse est l'âge de trente-sept ans. Mozart fait à sept ans ce que d'autres avaient peine à faire à vingt-cinq. A peine entré dans sa quatorzième année, il écrivait son premier opéra, *Mithridate*, chanté à Milan avec succès, et suivi de quatre autres ouvrages dramatiques non moins heureux sur d'autres théâtres de l'Italie. Il suivait alors les voies ouvertes par d'autres artistes célèbres ; mais, nonobstant ses succès, il ne cesse d'étudier ; son sentiment personnel se développe par degrés et finit par étouffer ce qui, par tradition, en avait pris la place. Enfin, à vingt-quatre ans, une transformation complète s'est opérée dans le talent de ce grand homme ; elle se manifeste par l'*Idoménée*, création admirable jouée à Munich en 1780. Puis, le principe qui a produit cet ouvrage se fortifie par le travail, par la méditation ; et le génie, parvenu à son entier développement six ans plus tard, produit les immortels chefs-d'œuvres des *Noces de Figaro* et de *Don Juan.* Mozart est parvenu à sa trente-sixième année, et il meurt après avoir accompli dans cette courte vie toutes les révolutions que le talent des autres subit dans une longue existence.

Ces modifications de la pensée et du talent sont l'histoire de tous les grands artistes. Ce fut celle de Haendel et de Gluck, qui ne furent en possession de toutes les qualités originales et fortes de leur talent que dans l'âge mûr, chez le premier, et dans la vieillesse, chez le réformateur de l'opéra français ; ce fut aussi celle de Beethoven, qui, condamnant à l'oubli toutes les productions, de sa première jeunesse, ne reconnut pour son premier ouvrage que l'œuvre de trois trios pour piano, violon et violoncelle, publié lorsqu'il avait atteint l'âge de vingt-huit ans. Dans cet ouvrage, comme dans tous ceux qui le suivent pendant plusieurs années, Beethoven subit encore, sans le savoir, l'influence de son admiration exclusive pour Mozart, influence qui se montre avec évidence dans la forme, si ce n'est dans les idées. Peu à peu l'artiste a plus conscience de lui-même; il s'étudie, il médite ; et, pour parvenir à la complète évolution de son talent, il fait des esquisses de tous ses ouvrages, écrit toutes ses pensées dans de petits livres qu'il porte incessamment avec lui, leur fait subir mille transformations de modes, d'harmonie, de rhythme, et ne cesse de les soumettre à des améliorations partielles ou totales, jusqu'à ce qu'elles répondent enfin au sentiment pur du beau dont il est animé d'une manière vague, et qui ne prend son caractère déterminé qu'à force de travail.

A ces exemples de transformations progressives des idées et du talent, doit s'ajouter celui de Meyerbeer. Depuis l'époque où il fit représenter à Munich, à l'âge de dix-huit ans, son premier ouvrage dramatique, intitulé *la Fille de Jephté*, toutes les parties de son talent ont subi des modifications radicales. Comme les grands artistes dont je viens de parler, celui-ci s'est aussi cherché longtemps, a beaucoup médité, et, comparant par l'étude les voies parcourues par ses prédécesseurs, n'a cessé de faire effort pour entrer dans celle où sa personnalité pût se développer tout entière. Arrivé en Italie, il la trouva dans l'enivrement causé par les mélodies rossiniennes, et, sans en avoir vraisemblablement conscience, il subit l'influence de cet entraînement. Cette époque est celle de sa première transformation ; car, s'affranchissant par degrés de son éducation tout allemande, et, en quelque sorte, antipathique à la musique italienne de ce temps, il goûta les formes nouvelles par lesquelles Rossini faisait oublier les ouvrages de ses prédécesseurs, et faisait entrer dans les oreilles ausoniennes une harmonie qui leur avait été jusqu'alors étrangère. Rossini venait de faire une sorte de compromis entre l'Italie et l'Allemagne, en donnant à la première le goût et le besoin de l'harmonie et des modulations dont l'autre était si riche, et en apprenant à l'Allemagne que les concessions faites aux nécessités mélodiques de l'Italie ne sont point un obstacle aux richesses harmoniques. Meyerbeer fut vraisemblablement le premier artiste allemand de son temps qui comprit ce que cette alliance pouvait donner de nouveauté. Son opéra de *Romilda e Costanza*, qu'il écrivit en 1818, à Padoue, pour la célèbre cantatrice Pisaroni, fut son premier pas dans la carrière nouvelle où il venait de s'engager. La *Semiramide riconosciuta*, donnée à Turin en 1819, et l'*Emma di Rosburgo*, représentée à Venise l'année suivante, avec un succès d'enthousiasme, marquèrent de plus en plus la réforme opérée dans les opinions et dans les idées du compositeur. La *Marguerite d'Anjou*, jouée à Milan en 1822, et l'*Esule di Granata*, chanté par Lablache et Mme Pisaroni dans l'année suivante, n'indiquèrent pas de nouvelle modification du talent de Meyerbeer ; mais le *Crociato*, dont la première représentation fut donnée sur le théâtre de la Fenice, à Venise, au mois de décembre 1825, et qui fut ensuite applaudi sur toutes les scènes de l'Italie, fait voir avec évidence que le talent s'était mûri, et qu'aux formes d'une mélodie italienne et d'une harmonie déjà empreinte d'une fantaisie plus libre, s'étaient ajoutées des qualités de facture dignes de beaucoup d'intérêt.

Après ce succès, dont le bruit se répandit alors dans toute l'Europe, Meyerbeer fit un nouveau voyage à Paris, où déjà il avait fait plusieurs séjours plus ou moins longs, et vers lequel il y a lieu de croire qu'il avait déjà porté ses vues pour des travaux plus sérieux et pour des résultats plus significatifs. Ce fut alors qu'il se lia avec Scribe, et que celui-ci prit l'engagement d'écrire pour lui un ouvrage dans de grandes proportions. Quel que fût le mérite des productions du compositeur jusqu'à cette époque, il est permis de dire que lui-même se cherchait encore. Un instinct secret lui avait appris que le développement complet de sa personnalité ne pouvait être que le produit d'un principe nouveau ; car un principe, c'est un monde tout entier. Un principe, sans doute, n'est pas le génie, mais c'est plus : c'est la source des idées, le milieu dans lequel l'imagination se trempe. Divers motifs, celui de la brièveté d'abord, ne me permettent pas de faire connaître comment ce principe fut révélé à Meyerbeer ; ce qui importe, c'est qu'il le fut.

Son mariage, des chagrins de famille et le dérangement de sa santé avaient fait ajourner la réalisation de ses projets d'opéra français ; il en résulta une assez longue interruption dans ses travaux. Ce temps de repos ne fut pas perdu ; car ce fut alors que de sérieuses méditations, et par suite, une forte impulsion donnée au sentiment dramatique de l'artiste, le conduisirent dans la voie où, depuis lors, il s'est illustré. Six années écoulées depuis la représentation du *Crociato*, six années d'études, d'observations et d'analyses, avaient enfin coordonné en un tout complet, original et puissant, ce que la nature a mis de sentiments énergiques dans l'âme de Meyerbeer, ce que l'audace donne de nouveauté aux idées, ce que la philosophie de l'art prête d'élévation au style, enfin, ce qu'un mécanisme exercé procure à l'artiste de sûreté dans les effets qu'il veut produire. Le résultat de tout cela fut *Robert-le-Diable*, représenté à l'Opéra de Paris dans le mois de novembre 1831, et depuis lors, aux acclamations universelles, joué dans tous les lieux où il y a un théâtre et des voix.

Jamais transformation d'un talent ne fut aussi complète que celle de l'auteur du *Crociato* passant, sans intermédiaire, de cet ouvrage à la composition de *Robert-le-Diable*. L'artiste s'était tout-à-coup révélé à lui-même dans cette œuvre, qui, sous quelque aspect qu'on la considère, est marquée du sceau de l'originalité. Rien n'y rappelle ce qui a précédé cette composition. Bien des critiques en ont été faites, mais toutes précisément démontraient cette vérité. Les étrangetés que ces critiques croyaient y trouver, par cela même qu'elles sortent de l'ordre ordinaire des idées, constituent le caractère de l'originalité. Il est incontestable que les beautés de cet ordre n'appartiennent pas au beau dans le simple, que le luxe des moyens d'effet y est poussé jusqu'à la profusion, et que l'art puisé à cette source agit plus particulièrement sur le système nerveux que sur les facultés d'affection ; mais ces remarques ne portent nullement atteinte à la gloire de l'artiste qui, non moins riche dans l'invention que puissant dans la combinaison et dans la gradation des effets, a tout tiré de son propre fonds pour la création de ce drame. *Cet ouvrage n'aura pas dix représentations*, disaient les jugeurs aux dernières répétitions générales et le soir de la première représentation. *Cela fera le tour du monde*, répondis-je. Le temps a prononcé entre nous. C'est que, laissant à part le plus ou moins de sympathies que peut inspirer cette musique au premier abord, j'avais reconnu le caractère d'invention qui s'y trouve imprimé, et que j'ai l'intime conviction de l'infaillibilité de ce caractère sur les masses. Partout je voyais que les situations avaient été senties par le compositeur, et qu'il était entré dans la passion des personnages ; je lui tenais compte du sujet surnaturel qui légitime l'emploi d'un coloris quelque peu forcé ; enfin, j'avais acquis par ma propre expérience la conviction qu'on ne pouvait se soustraire aux fortes émotions produites par cette œuvre gigantesque. Or, quel que soit l'ordre d'idées dans lequel ait été puisée une œuvre d'art, il est certain qu'elle est l'art lui-même élevé à sa plus haute puissance, si elle émeut profondément. Cela n'a rien de commun avec cet art prétendu, né de l'esprit de système, qu'on essaie en ce moment de mettre en vogue dans un coin de l'Allemagne, et dont on explique les déconvenues en attaquant l'intelligence de l'auditoire. L'art qui ne se fait pas comprendre et qui n'émeut pas, n'est pas l'art véritable.

L'artiste qui obtient de grands succès en dépit de la critique, doit s'attendre à la trouver sous les armes et rangée en bataille, s'il se présente de nouveau dans la lice. Meyerbeer en fit l'épreuve, lorsqu'après plusieurs années passées dans l'observation de l'effet général de *Robert-le-Diable*, il donna *les Huguenots*. On sait que l'auteur du livret de cet ouvrage a, par de longues préparations, noué lentement l'intérêt de son drame. Les deux premiers actes sont presque vides d'action, et ce n'est qu'au finale du deuxième que commence à se faire pressentir la catastrophe du sujet principal, c'est-à-dire de l'amour de Valentine et de Raoul. On ne manqua pas de rendre Meyerbeer responsable de ce défaut de mouvement et d'intérêt, et l'on affecta de méconnaître le mérite remarquable de la musique par laquelle il a comblé ce vide. Cependant, si l'attention n'était pas absorbée par les immenses beautés du quatrième acte, on aurait rendu plus de justice à l'élégance, à la distinction des morceaux qui remplissent les deux premiers. Au troisième acte, l'intérêt devient plus vif, et le compositeur colore sa musique de teintes plus fortes et plus émouvantes. Quant au quatrième, tout le monde sait par quelle progression d'effets et par quelles oppositions l'artiste remue profondément le cœur et le fait passer par des sentiments bien différents. Il n'y a aujourd'hui qu'une voix sur ce prodigieux quatrième acte, c'est celle de l'admiration. A vrai dire, la critique ne s'est guère montrée plus instruite que le public vulgaire sur la cause des émotions produites par cette partie de l'œuvre de Meyerbeer, car elle s'est bornée, suivant son habitude, à constater l'effet, sans en rechercher le principe. Chez les Français particulièrement, l'effet produit est la seule loi qui guide la critique dans ses jugements. Il en résulte que, l'effet étant différent à des époques et dans des circonstances diverses, l'appréciation passe du blanc au noir sur le même ouvrage dans l'espace de quelques années, et déclare un jour excellent ce qu'elle a frappé d'anathème dans un autre temps. Mais si l'on veut découvrir la valeur réelle d'une production d'art, il y faut regarder de plus près et rechercher le principe duquel l'œuvre est sortie. Or, le principe qui avait opéré la transformation du talent de Meyerbeer dans *Robert*, et qui recevait une application plus large dans *les Huguenots*, est celui-ci : *Arriver au point culminant de l'ouvrage et au degré le plus élevé de l'intérêt par une progression constante d'effet, et réaliser cette progression par la variété des formes et des moyens.*

La variété des formes est en quelque sorte le domaine de Meyerbeer. Non seulement il la trouve dans la diversité de coupe des morceaux de ses opéras, diversité dans laquelle il a surpassé tous les autres maîtres, mais il sait aussi la faire sortir de la disposition des rhythmes. Ce serait une étude pleine d'intérêt que de faire voir combien de formes nouvelles il a introduites dans la musique dramatique. Il n'y a presque pas un air, un duo, une chansonnette, un morceau d'ensemble, un chœur, dans ses grands ouvrages, qui ne se distingue par quelque nouveauté, soit par la disposition des idées, soit par leurs interruptions, soit par leur retour... A l'égard des rhythmes, nul n'a connu ni pratiqué aussi bien que lui l'art de diversifier le caractère et la mélodie par des dispositions originales des temps de la mesure et par les constructions des phrases. J'imagine même qu'il n'a pas encore épuisé ses combinaisons à cet égard, et que dans quelque ouvrage futur il produira de nouveaux effets par ce puissant agent de la pensée mélodique.

Meyerbeer ne s'est pas moins distingué par la diversité des moyens, car son instrumentation diffère essentiellement, sous ce rapport, de celle de tous les autres compositeurs, à l'exception d'Halévy, qui l'a suivi avec bonheur dans cette voie. Et remarquez que le choix des combinaisons d'instruments n'est jamais chez Meyerbeer l'effet d'un caprice ; toujours il est en rapport avec la situation et avec le caractère du personnage.

Enfin, la progression de l'effet et de l'impression, en raison de l'intérêt du drame et de la situation, est une des qualités transcendantes du talent de ce maître. Celle-là ne lui est pas contestée, même par ses ennemis. C'est par elle que, dans la bénédiction des poignards, au quatrième acte des *Huguenots*, l'effet dépasse toutes les limites, et que, lorsque l'auditoire croit être arrivé au terme de ses plus fortes impressions, l'artiste va au-delà et produit des commotions inattendues. C'est ainsi encore que lorsqu'il cherche le caractère de la grandeur, en prenant une simple mélodie pour point de départ, il s'élève par degrés aux combinaisons les plus puissantes, et atteint un degré d'énergie qui ne peut être dépassé et qui ne fut jamais atteint avant lui. C'est ainsi que dans le quatrième acte du *Prophète*, il développe jusqu'aux proportions les plus colossales deux simples traits de mélodie, et les combine de manière à en former tout le tissu de son admirable finale. Le chant des enfants de chœur et la phrase désespérée de Fidès composent seuls tout le fonds de cette prodigieuse conception.

Si Meyerbeer excelle à produire les paroxysmes de l'émotion nerveuse, il ne faut pas croire qu'il ne s'adresse qu'à elle. Voyez-le dans ce quatrième acte des *Huguenots* dont je viens de parler. Après la sortie des fanatiques qui viennent d'épuiser ce genre d'émotion par les accents féroces de leurs passions, il n'y a plus rien à faire avec la sensibilité physique. Cependant tout n'est pas dit : deux êtres malheureux restent là présents sur la scène, et c'est sur eux que l'intérêt du cœur se porte : c'est donc au cœur que l'artiste doit s'adresser dans cette situation. Qui oserait dire qu'alors Meyerbeer n'a pas trouvé dans le sien les accents les plus puissants pour exprimer les angoisses et les délices de l'amour? Qui donc n'a pas présentes à la mémoire ces phrases si tendres : *Le danger presse et le temps vole ! — Toi, mon seul bien, toi, mon idole !—Ah ! quel éclair et quel transport !—Quel mot du ciel s'est fait entendre ! — Tu l'as dit, oui, tu m'aimes !* Qui donc n'avouera que jamais le sentiment ne s'est exprimé avec plus d'éloquence ?

Deux partis opposés jugent toujours les œuvres d'un artiste de grand talent ; car ces œuvres plaisent aux uns et sont antipathiques aux autres, par une multitude de motifs qu'il serait trop long d'examiner. Il n'est pas même nécessaire que les intérêts soient mis en contact pour que cette divergence de sentiment et d'opinion se manifeste : mille autres causes peuvent la faire naître. Il n'est donc pas étonnant que Meyerbeer ait trouvé des détracteurs, et que des critiques plus ou moins passionnés se soient fait entendre au milieu du concert universel d'éloges qui a salué les productions de cet artiste célèbre. Parmi les reproches qui lui ont été adressés, on a dit que sa mélodie manque de naturel ; qu'il ne réussit que dans les grandes choses ; qu'il pousse jusqu'à l'excès les effets de sonorité, et qu'en général il manque de grâce et de légèreté. Il aurait pu se contenter de répondre à ces critiques par les succès presque fabuleux qu'ont obtenus ses ouvrages ; mais, en véritable artiste, il s'est demandé à lui-même si, par hasard, ces critiques étaient fondées, et si la musique renfermée dans de moindres proportions que celles dont il a l'habitude ne pouvait pas être enfantée par son imagination. *L'Etoile du Nord* est le résultat de cette enquête faite par l'artiste sur lui-même. A ne le considérer que dans le brillant succès qu'il vient d'obtenir, cet ouvrage est sans doute d'un très-grand intérêt ; mais, comme dans tout ce que produit l'illustre maître, il y a ici quelque chose de plus qu'un succès ; quelque chose qui va au-delà de l'effet éprouvé par le public, quel qu'en soit le charme : il y a un principe nouveau qui non seulement produit une œuvre, mais dont la mise en pratique offre l'exemple de ce qui peut être fait dans l'avenir. Examinons ce qu'est la musique de *l'Etoile du Nord* sous ses divers aspects, et voyons ce qu'est ce principe, source féconde où le compositeur a puisé.

Les personnes qui ont assisté à la première représentation de l'ouvrage ont pu remarquer que, différent des précédents, il a agi immédiatement par son charme, et n'a pas dû subir l'épreuve de plusieurs représentations pour être compris par le public. D'où naît cette différence ? De la proportion des morceaux d'abord. Il faut une certaine contention d'esprit pour suivre les grands développements d'une composition compliquée ; mais lorsque la pensée du compositeur se renferme dans des limites plus étroites, elle est saisie beaucoup plus facilement. La plupart des morceaux du nouvel opéra de Meyerbeer sont courts, ou du moins se fractionnent en diverses parties qui, prises séparément, forment un tout. Le maître semble avoir pris à tâche d'éviter les grands airs, les grands duos, les grands morceaux d'ensemble ; lorsque plusieurs scènes consécutives sont mises en musique ; la marche en est rapide, et le caractère mélodique, harmonique, rhythmique et sonore change immédiatement d'une scène à l'autre.

La mélodie abonde dans cette partition, et le maître en est si prodigue, qu'il est facile de voir qu'elle n'a pas été d'une production pénible. Cependant elle a, dans tous les morceaux, le caractère de la distinction, et la variété de ses formes a quelque chose de si remarquable, que les moins habiles en sont frappés. Ces formes n'ont point d'analogie avec ce qu'on connaît des autres artistes et de Meyerbeer lui-même : il s'y trouve quelque chose d'insolite plein de charme et de suavité. Qu'est-ce donc ?

Qu'est-ce donc, ai-je dit, qui prête tant de charme à la musique de *l'Etoile du Nord?* Le voici ; il y a deux sortes de mélodie, l'une vulgaire et facile qui convient au gros public, parce qu'elle lui rappelle ce qu'il connaît déjà ; l'autre, qui seule a une valeur durable, parce qu'elle est marquée au coin de la nouveauté et de la distinction. Celle-là est d'une production plus rare, car les formes d'un certain ordre d'idées s'épuisent avec le temps, par la diversité des imaginations qui les enfantent. Arrive enfin une époque où les idées puisées dans cet ordre de choses ne sont plus, à les bien examiner, des créations, mais des reproductions déguisées par des changements de mouvements, de modes, d'arrangements dans les détails, dans l'harmonie et dans l'instrumentation. Alors, nul espoir d'originalité, à moins d'aborder un ordre nouveau d'idées, toujours riche en résultats pour les imaginations hardies et pour les organisations passionnées qui s'y hasardent les premières. Or, je remarquais naguère avec étonnement que ces vérités, sur lesquelles j'ai appelé souvent l'attention des artistes, dès la publication de mon *Traité du contre-point*, en 1824, puis par la *Revue musicale*, par mes *concerts historiques*, par mes cours de philosophie et d'histoire de la musique, et surtout par mon *Traité d'harmonie* et mes travaux sur le rhythme, où je les ai formulées d'une manière positive, je m'étonnais, dis-je, que ces vérités n'eussent pas fixé l'attention des compositeurs d'une manière sérieuse, et ne leur eussent pas fait comprendre ce qu'ils avaient à recueillir d'inspirations nouvelles, en se plaçant dans le domaine des modulations multiples et des rhythmes nouveaux ;

j'ignorais alors que le génie auquel on doit *Robert*, *les Huguenots* et *le Prophète*, s'était élancé dans ce monde inexploré et y avait trouvé des trésors pour son *Etoile du Nord*. Le public ne connaît que des résultats et ne s'informe pas d'où lui viennent ses impressions; les artistes eux-mêmes se laissent souvent diriger dans leur jugement par l'effet, sans examiner ce qui le produit; mais je pense qu'il en est dont l'attention aura été fixée par la nouveauté et la multiplicité des modulations qui se trouvent dans la plupart des morceaux du nouvel opéra de Meyerbeer.

Je prévois des objections sur ce qu'à propos de *mélodie* je parle de *modulations*. On me dira sans doute, se reportant aux époques antérieures à celle-ci, que les imaginations les plus riches en mélodies furent toujours celles qui, sans moduler, surent en trouver de nobles ou naïves, touchantes ou gracieuses, spirituelles ou passionnées, par des accents empruntés à l'unité tonale. A Dieu ne plaise que je repousse cette doctrine, que j'ai soutenue dans tous mes écrits. Mais si elle nous est nécessaire pour sentir et apprécier à leur juste valeur les œuvres sublimes des grands artistes qui ont précédé le temps où nous vivons, elle ne doit pas nous faire perdre de vue les transformations que l'art avait déjà subies par les travaux mêmes de ces maîtres ou dans des temps antérieurs. Quelle source d'expression n'a-t-on pas trouvée dans l'innovation des substitutions du mode mineur qui ont engendré l'accord de septième diminuée et ses dérivés ! Que de formes nouvelles de mélodies n'en a-t-on pas tirées ! Cependant, avant que ces harmonies fussent connues, il y avait aussi des mélodies dont le charme ne peut être mis en doute. Mozart, en imaginant les changements d'harmonie et de tonalité sur une seule note du chant, a ouvert de nouvelles voies d'effet qui ont été suivies avec une sorte d'enthousiasme dans ces derniers temps ; mais cette détermination, qui a introduit de grandes variétés dans l'harmonie, a exercé peu d'influence sur la mélodie.

C'est en cet état que j'ai pris l'art lorsque j'ai fait voir, en 1844, dans mon *Traité d'harmonie*, que les altérations multiples des accords attractifs constituent un système nouveau de modulation toujours imprévu, parce que chaque altération peut se considérer comme une des notes tonales d'un ton quelconque et de l'un ou l'autre des deux modes de ce ton ; d'où il résulte qu'un seul accord peut fournir des modulations multiples dont la détermination n'a lieu qu'au moment de la résolution ; et d'où il suit encore que les altérations appliquées à toutes les formes d'accords mettent en relation immédiate tous les tons entre eux. C'est ce que j'ai appelé *l'ordre omnitonique de la musique*, c'est-à-dire le développement complet et absolu de l'enharmonie. Or, un des résultats les plus remarquables de ce nouvel ordre de choses est la création de la possibilité de formes presque illimitées de mélodies, qu'aucun autre ordre de faits harmoniques n'aurait pu faire naître. Ainsi que je l'ai dit dans l'ouvrage où cette théorie est exposée, elle n'attendait pour produire ses effets que les inspirations du génie ; ce génie s'est trouvé : c'est celui de l'auteur de *l'Etoile du Nord*. Si les musiciens instruits y prêtent leur attention, ils remarqueront que la sensation de l'imprévu se produit dans cet ouvrage à chaque instant, aussi bien par la mélodie que par les combinaisons de l'harmonie : l'examen leur fournira la preuve que cette sensation a toujours sa source dans l'enharmonie. Lorsque Meyerbeer n'y a point recours, c'est pour en augmenter l'effet par l'opposition de l'unité tonale.

A l'égard des innovations par le rhythme, on se souvient peut-être d'une partie du travail que j'ai publié sur ce sujet, où j'ai fait voir que, sans sortir des conditions de carrure de mesure et de période, on y peut introduire de grandes variétés par le déplacement du temps fort, en raison du caractère mélodique de la phrase. Meyerbeer avait déjà fait de très-heureuses applications de ce principe dans son recueil de Quarante mélodies, l'une de ses plus belles productions, entre autres dans *le Printemps caché*, *Guide au bord ta nacelle*, et dans plusieurs autres, par fragments. Mais c'est surtout dans son nouvel ouvrage que ces formes nouvelles ont pris un caractère déterminé, et que, par leur alliance avec les effets toujours imprévus et variés de l'enharmonie, sa cantilène a pris un caractère d'originalité plein de charme.

Il est un autre côté par lequel le nouvel opéra de l'illustre compositeur se fait remarquer et qui le distingue essentiellement de ses autres ouvrages : je veux parler de l'instrumentation, qu'il a faite, en général, légère autant qu'élégante. A l'exception du finale du second acte, qui a pour sujet la révolte d'un camp, et qui se termine par la réunion de plusieurs musiques de régiments, le système d'accompagnement des voix, bien que rempli d'intérêt et toujours original, est contenu dans des limites de sonorité très-convenable pour le genre de l'opéra comique. Meyerbeer a très-bien compris qu'un trop grand développement de la puissance sonore aurait le grave inconvénient de faire un contraste trop marqué avec le dialogue parlé, et affaiblirait, par la comparaison, l'organe des acteurs. Mais ce qu'il a sacrifié en puissance, il l'a ressaisi par tout ce qui peut donner du prix à l'instrumentation, à savoir le mouvement et le dessin des parties, la progression dans la réunion de ces différents mouvements, l'invention dans les combinaisons d'instruments, et surtout l'appropriation de ces combinaisons au caractère de chaque morceau, aux situations et aux passions dont les personnages sont animés.

L'ouverture, assez courte, se distingue par l'originalité de son mouvement *maestoso*, qui n'a point empêché l'auteur d'y mettre beaucoup d'animation par le sentiment et d'y jeter de la variété. Elle commence par un *pizzicato* mystérieux de basses et de violons, suivi d'un grand développement d'énergie sur le même thème. Ce thème revient plusieurs fois, toujours travaillé d'une manière différente et dans une progression constante d'effets. Par une modulation inattendue, elle passe de *mi* bémol en *ut* majeur, dans une phrase mélodique, large et passionnée, avec un accompagnement de harpes d'un effet magique ; puis, par un retour au ton principal, elle arrive à une péroraison pleine de chaleur, d'énergie, et produit une de ces commotions de puissance qui semblent être le domaine exclusif de Meyerbeer.

Le chœur qui commence l'introduction fait reconnaître le style de son auteur, par l'heureuse disposition de l'harmonie dans les voix. Il s'y trouve une phrase charmante qu'on regrette de ne pas entendre développer et revenir plusieurs fois ; car on sait que le charme d'une mélodie n'est bien senti que par ses retours périodiques. Il est vraisemblable que les nécessités de la scène ont fait faire là de ces coupures qui arrachent le cœur des jeunes compositeurs, lorsqu'ils mettent en scène leurs premiers ouvrages, et que Meyerbeer accorde avec beaucoup de facilité. Auber s'exécute aussi de fort bonne grâce sur ce point, et a pour habitude de dire que le public ne regrette pas ce qu'il ne connaît pas : ce qui n'est pourtant pas d'une exactitude absolue, lorsqu'il s'agit d'un chant qu'on aimerait à entendre plusieurs fois.

Le chœur est suivi de l'air de Danilowitz : *Achetez*, etc., chanté par Mocker. Ce morceau a pour caractère distinctif l'opposition de deux rhythmes qui s'enchaînent d'une manière très-heureuse. L'instrumentation en est charmante : on y remarque un accompagnement de violoncelle d'un effet neuf. Dans la seconde période de l'air, après trois mesures de mouvement à deux temps, le *six-huit* primitif revient par deux phrases de cinq mesures qui forment un rhythme original dont l'instrumentation est légère et piquante. A l'air succède un joli chœur en *la* mineur dont le rhythme, à deux temps et carré, tire son effet neuf de la disposition des temps. Tout ce morceau est remarquable sous ce rapport.

Sans être au nombre des choses importantes de l'ouvrage, les couplets chantés par Mlle Duprez (*Le bonnet sur l'oreille*) sont bien pour la scène et ont du charme. Le troisième couplet, qui se termine en trio avec une *coda*, si j'ai bonne mémoire, est d'un très bon effet.

L'air chanté par Mlle Lefebvre, *Ah! que j'ai peur!* est aussi original que difficile à bien dire. La manière du maître s'y retrouve tout entière, audacieuse, hasardeuse dans quelques intonations, mais arrivant toujours à l'effet que le compositeur veut produire. L'*andantino* en quatuor, qui succède au premier mou vement, a un charme inexprimable. Plein de distinction et de douce mollesse, le thème à voix seule est suivi d'un ensemble disposé avec un goût parfait sur une mélodie gracieuse et bien rhythmée. La même phrase, redite dans le mode mineur du ton, prépare de la manière la plus heureuse une de ces modulations enharmoniques d'un effet saisissant qui donnent au nouvel ouvrage de Meyerbeer un caractère tout spécial de nouveauté. La rentrée dans le thème et dans le ton, très-simple, quoique très piquante par cette modulation, est d'un effet ravissant et se complète par cette même mélodie dite en quatuor.

C'est par le rhythme que se distinguent les couplets avec chœur chantés par Hermann-Léon. Le compositeur avait à donner à ce chant un caractère sauvage et pittoresque qui fît sentir la rudesse tartare mise en opposition avec les mœurs douces et paisibles des habitants de la Finlande : le rhythme, en pareil cas, est le moyen le plus sûr. Meyerbeer lui a donné l'effet qu'il voulait produire en plaçant tous les repos sur le temps levé de la mesure : il en résulte une combinaison originale, singulière, qui a obligé le compositeur à employer une demi-mesure pour rétablir la carrure des temps. La mélodie a d'ailleurs son caractère rhythmique particulier, se formulant en réalité par des phrases de trois mesures, avec une *coda* ; cela est d'un effet neuf. Enfin, cette chanson ajoute à ses originalités des passages alternatifs des tons de *si* mineur en *si* bémol, et de celui-ci en *si* majeur, réalisés par les moyens les plus simples et les plus inattendus.

Vive, élégante et distinguée, la ronde bohémienne chantée par Mlle Duprez a obtenu un de ces succès d'entraînement qui n'ont rien de factice. Son rhythme, quoique régulier, est d'un effet neuf en ce que sa note forte est alternativement sur le premier temps et sur le second. La seconde phrase de la mélodie ajoute à l'originalité en complétant la période par un rhythme de deux mesures répondant à un rhythme de quatre. La désinvolture de ce chant, le chœur qui vient s'y joindre, les détails de l'harmonie et de l'instrumentation, forment de ce petit morceau un tout complet et charmant.

J'aborde un morceau capital de cet opéra si riche en belles choses de genres très-variés : il s'agit du duo si bien chanté par Mlle Duprez et par Battaille. Sa coupe est celle des grands morceaux de l'école moderne, c'est-à-dire celle du duo à trois mouvements. Le premier de ces mouvements est un *allegretto* fin, délicat, élégant, où l'instrumentation et les voix dialoguent et forment un ensemble indissoluble. Rien n'était plus difficile à faire que cette partie du duo sur des paroles que personne, je pense, ne prendra pour des vers. Qu'on en juge par cet échantillon :

« De quelle ville est-tu? — Moscou fut ma patrie. — Et ton père.. dis-moi, quel était son métier? — Son métier?... mais celui que j'exerce. — Il était donc charpentier? — Il avait quelque bien... et quitta cette vie, me laissant... — Sa maison? — Edifice, hélas! bien vieux , et qu'il faudrait tout réparer. — Jeter bas vaudrait bien mieux pour reconstruire tout à neuf. »

Vous figurez-vous, mes chers lecteurs, la stupéfaction d'un compositeur italien à qui l'on viendrait présenter cela pour le commencement d'un duo? Ne croirait-il pas rêver? Cela ne vaut-il pas la *Gazette de Hollande* que Rameau offrait de mettre en musique? C'est cependant là-dessus que Meyerbeer a fait une musique ravissante, trouvant même le moyen de donner une certaine tournure dramatique à ce style de conversation bourgeoise, par des artifices de modulations qui rendent piquantes et spirituelles les rentrées du dialogue. C'est ainsi qu'après avoir complété sa première période, si élégante et si suave, sur ces mots : *Dis-moi, quel était son métier?* il marque d'abord l'étonnement par les intonnations du chanteur en répétant : *Son métier?* Puis, indiquant l'embarras du personnage à cette question , par une modulation qui semble rompre la conversation, le compositeur se sert, avec une grâce charmante, de cette note en apparence étrangère au ton, pour en faire le pivot de la rentrée dans ce ton, par la phrase première du duo sur ces mots : *Il était donc charpentier?* Les beautés de ce genre ne sont pas senties par le public, parce qu'elles sont trop fines, trop fugitives; mais le connaisseur y attache un grand prix, parce qu'il en connaît les difficultés. Toute la suite de ce premier mouvement est également remarquable par l'art de dialoguer sans nuire au charme de l'ensemble, à la grâce de la mélodie, à l'esprit de l'instrumentation.

L'*andantino*, second mouvement de ce duo, n'est pas seulement remarquable par la distinction de la mélodie, par la noblesse du sentiment qui y est exprimée par Pierre-le-Grand, mais aussi par l'heureuse opposition de ce chant large avec les légèretés si gracieuses de celui de Catherine, par le rhythme aussi élégant qu'original de celui-ci, et enfin par des modulations ou ascendantes, ou descendantes, qui mettent en relation, avec beaucoup de sympathie, des tons qui semblent absolument étrangers l'un à l'autre.

J'ai dit que ce duo est coupé en trois mouvements, je me suis trompé ; je me souviens qu'après l'*andantino* dont je viens de parler, il y a un *allegretto* modéré que j'aurais grand tort de passer sous silence, car la mélodie y est aussi noble qu'expressive, et Meyerbeer y a placé deux modulations enharmoniques du plus grand effet, d'où il tire des formes nouvelles pour son chant.

Le dernier mouvement (*allegro con spirito*) termine brillamment cette série de beautés par un thème plein de verve et d'originalité, suivi d'un ensemble où les voix se serrent par une imitation sur la seconde partie du thème. Des épisodes animés coupent ce motif, qui, ramené ensuite sur un trille brillant de la partie de soprano, se termine par une *coda* chaleureuse.

Dans un style tout différent est le duo chanté également au premier acte par Mlles Duprez et Lefèbvre : *Ah! quel dommage!* Le rhythme de son début est imitatif et exprime les pleurs de la fiancée à qui le recrutement vient enlever son futur époux. La phrase est jolie et rend bien le sentiment de douleur qu'a voulu exprimer le compositeur. Son style coupé fait ressortir le caractère suave et *spianato* de la mélodie par laquelle Catherine essaie de calmer cette douleur. Après cette douce cantilène, vient un rhythme vif et joyeux sur ces mots : *Quoi! quoi! l'on me mariera?* L'effet en est si caractérisé et si magique, qu'on croit le mouvement très accéléré, quoiqu'il n'ait pas changé. L'interruption de cette joie par la réflexion et la rentrée dans le premier motif sont faits avec ce sentiment de la scène et cette intelligence de l'effet qui distinguent les productions de Meyerbeer. Le même art se fait remarquer dans tout le dialogue qui suit la rentrée au motif et qui la ramène une troisième fois. Le dernier mouvement, qui termine le duo d'une manière brillante, est dans le rhythme ternaire appelé vulgairement *polonaise*. Le thème est d'une élégance et d'un brio remarquables.

Dans le final du premier acte, Meyerbeer a complété la suite non interrompue d'heureuses inspirations que renferme cette partie de son ouvrage par une multitude de mélodies trouvées, de détails fins et délicats, de combinaisons harmoniques vocales et instrumentales, riches d'effet et toujours originales. Ce finale commence par un chœur de femmes plein de charme sur ces mots : *Prenez vos habits de fête*. La mélodie, distinguée par son rhythme et par la forme de la phrase, revient après un épisode et s'enrichit de l'accompagnement des voix d'hommes et d'une instrumentation légère et mystérieuse. A ce chœur succèdent les couplets chantés par Mlle Lefebvre, charmante fantaisie dont le prélude vocal est toujours rhythmique ; puis un petit chœur de voix de femmes à l'unisson fait entendre une sorte de pédale allant alternativement d'une octave à l'autre, en sons interrompus, et sur cette espèce de bercement doux et gracieux se détache la mélodie de la fiancée par laquelle elle appelle son époux. Chaque cadence suspensive ou finale des périodes de cette mélodie est répandue par le chœur de femmes à l'unisson ; enfin, à la *coda*, ce même chœur dialogue avec le chant. Au mérite de ce morceau, considéré au point de vue musical, s'ajoute celui de la couleur locale.

Les couplets dont je viens de faire l'analyse sont suivis d'un chœur de soldats très-caractérisé par le rhythme, qui devient le thème de l'ensemble et s'enrichit d'effets nouveaux par degrés. Puis vient une prière de Catherine qui, sous les habits de son frère, va prendre sa place comme soldat. Le chant de cette prière, noble et large, est accompagné par un chœur plein d'effet. Une multitude de transitions enharmoniques répandues dans ce finale y font naître des sensations inattendues qui complètent ses beautés.

Voltaire disait qu'une bonne comédie est l'œuvre du démon. Je ne sais si c'est à l'enfer ou au ciel qu'il faut se vouer pour faire un de ces opéras qui défient le temps et se classent parmi les œuvres inspirées, lors même que leurs formes ont subi l'influence du mouvement qui leur en substitue d'autres à de certaines époques ; mais ce que je sais, c'est que cette création est rare et difficile ; car il en est bien peu que le temps ait respectés et qui, lorsqu'on les exhume de la poudre des bibliothèques, après que des générations ont passé sur eux, ressaisissent, dans le cœur et dans l'imagination des artistes d'un autre âge, la sympathie qu'ils avaient trouvée autrefois. Mais, dira-t-on, quelle est la condition fondamentale par laquelle on opère ce miracle, puisque c'en est un ? Est-ce le charme de la mélodie? ou bien la richesse des combinaisons harmoniques? ou encore l'effet nerveux de la puissance du rhythme? ou enfin, est-ce la force du sentiment dramatique et la justesse de l'expression? Non ! C'est tout cela, sans doute, mais tout cela comme émanation d'un principe supérieur, à savoir l'originalité, c'est-à-dire la faculté de créer ce qui n'a point été fait encore, de ne trouver qu'en soi ce par quoi l'on se distingue, et de dire le dernier mot de ce qu'on a trouvé.

Lorsque l'artiste se trouve en présence d'une œuvre empreinte de ce caractère, ne lui demandez pas si son goût le porte à la musique française plus qu'à l'italienne, à celle-ci plus qu'à l'allemande, ou réciproquement : il n'y a plus en lui de préférence pour un maître ou pour une école, pour une forme ou pour une autre, pour telle ou telle qualité : avant tout il est impressionné par l'identité de l'œuvre et de la puissance créatrice de son auteur. Quelle qu'en soit l'origine, à quelle époque que cette œuvre appartienne ; qu'elle représente l'art dans tout le développement de ses moyens, ou que le compositeur n'ait disposé que de peu de ressources pour l'effet, peu importe ; pourvu que le caractère de l'invention, en un mot, *l'originalité* s'y trouve, il suffit ; le beau sera immédiatement proclamé par quiconque a ce sentiment pur de l'art et l'accepte sous toutes ses formes, quand il est le produit de la pensée originale et du sentiment énergique.

C'est par cette qualité très-caractérisée que Meyerbeer a obtenu ses succès universels, nonobstant les oppositions de goût que ses œuvres ont rencontrées ; c'est par là qu'il vivra et qu'il sera admiré, lors même que les agitations fébriles de notre siècle auront cessé, et que l'humanité, rentrée dans le calme, sera dirigée vers la recherche d'émotions plus douces. Meyerbeer est lui dans les moindres détails ; il ne ressemble à personne, et dans l'énergie du quatrième acte des *Huguenots*, comme dans les airs de danse du *Prophète*, comme dans les douleurs de *Struensée*, comme dans le camp de l'*Étoile du Nord*, son originalité s'accuse avec puissance et sème avec profusion les traits qui le décèlent.

Cette faculté par laquelle l'homme supérieur se fait toujours reconnaître, je la trouve sous un aspect tout nouveau dans l'*Etoile du Nord*, particulièrement dans le deuxième acte de cet ouvrage. Meyerbeer n'y reproduit en rien les inspirations, les formes ni les moyens de ses opéras précédents ; tout est neuf ici, et pourtant on entend dire de toutes parts : *Oh ! c'est bien Meyerbeer !* En vérité, c'est une grande chose que de rester soi dans son œuvre, et pourtant d'être varié. J'ai bien peur aussi que ce ne soit l'ouvrage de l'*autre*, comme dit Alice.

L'introduction du second acte de l'*Etoile du Nord* ferait seule la fortune d'un opéra. Au lever du rideau, tout annonce la joie dans le camp ; une danse élégante et animée, à laquelle les soldats et les vivandières prennent part, termine l'entr'acte. Après la danse, les chansons. Ne craignez rien : celles-ci ne sont point empruntées au répertoire des corps-de-garde ; les Cosaques et les grenadiers de M. Scribe ont une retenue tout-à-fait galante. Mais si le langage est pudique, la musique est gaillarde et a tout l'entrain de l'insouciance militaire. C'est une heureuse idée que celle de l'accompagnement unique des couplets du Cosaque

Beau cavalier
Au cœur d'acier
Sur son coursier s'élance;

par des trompettes et des cornets à pistons seuls, avec l'entrée de l'orchestre seulement pour le refrain. Le rhythme, cette grande qualité par laquelle se distingue essentiellement Meyerbeer dans son nouvel opéra, le rhythme est aussi choisi avec ce tact qui distingue le maître.

Il y a de la vivacité; mais en même temps son caractère est énergique et a de la largeur. Un deuxième rhythme plus animé, plus court, et en quelque sorte imitatif, fait opposition au premier sur ces mots :

Sonnez, clairons ! Tout aussitôt
Les voyez-vous partir au trot ?

Puis le premier rhythme se reproduit avec force pour préparer une autre opposition charmante, lorsque le même rhythme revient *piano* sur l'exclamation *eh! hop! hop! hop!* On y sent la *course rapide* des chevaux et leur élancement progressif.

D'un caractère tout différent, les couplets du grenadier, chantés par Hermann-Léon, sont d'un chant large, soutenu par une instrumentation dont l'élégance est remarquable. L'imitation du tambour par le chœur est d'un effet original. Une modulation est amenée dans le chant de ces couplets par le compositeur, avec cette connaissance des effets qui est une des grandes qualités de Meyerbeer, afin de mettre en relief, au moment de la rentrée dans le ton, une phrase ravissante chantée par les ténors du chœur; après quoi, une nouvelle modulation sur cette même phrase amène une deuxième rentrée sur une conclusion charmante. En général, des couplets sont peu de chose : l'inspiration d'un moment suffit pour les rendre agréables et les faire applaudir; mais, pour les faire tels que ceux-ci, il faut plus qu'une heureuse idée, car il s'y trouve un art qu'un maître seul peut avoir.

Le chœur des conjurés, deuxième morceau de ce second acte.

est d'un sentiment énergique, et produit de l'effet par la richesse de l'harmonie et la puissance de l'instrumentation. Mais c'est surtout dans les scènes suivantes que le compositeur a mis en œuvre toutes les ressources de son talent. Le premier morceau de ces scènes est un trio chanté par Mlle Duprez, Battaille et Mocker, et qui commence par ces vers :

Joyeuse orgie,
Vive folie,
Par toi j'oublie
Soins et tourments.

Ce morceau, rempli par beaucoup de détails scéniques, était difficile à faire: mais le talent a triomphé des obstacles, car l'effet du morceau ne languit pas un instant, et le thème principal est ramené plusieurs fois dans un *crescendo* d'intérêt. Pendant ce temps la scène marche avec rapidité, l'orchestre occupe l'attention pendant toute la partie dialoguée de Péters et de Danilowitz dans la tente et de Catherine en dehors, sur laquelle les voix ne peuvent chanter que ce qu'on appelle *note et parole*.

L'autre scène, où les vivandières sont introduites dans la tente de Péters, fournit à Meyerber l'occasion d'imaginer le morceau le plus piquant de gaîté, d'entrain et de bon goût qui soit sorti de sa plume. Ce morceau est un quintette coupé d'une manière neuve, et qui change plusieurs fois de combinaisons de voix par le changement des personnages en scène. Le début de ce quintette,

Gentilles vivandières,
Soyez nos ménagères !

est une mélodie simple et du meilleur goût. Comme dans la plupart des morceaux de cet ouvrage, la distinction et l'originalité en sont les caractères saillants. La seconde partie du quintette consiste en trois couplets de chanson demandés par Péters à ses aimables convives. Dans la pensée de l'auteur du livret, ces couplets devaient être chantés alternativement par chacune des vivandières ; mais Meyerbeer les a mis en action et les a combinés pour les deux voix de femme de la manière la plus originale, sur un rhythme articulé et dans une mélodie charmante dont l'effet est irrésistible Péters a repoussé les romances et les ballades ; on lui chante quelque chose d'un peu plus risqué, mais les couplets sont spirituels autant que l'inspiration du compositeur.

Sous les remparts du vieux Kremlin,
Deux beaux Cosaques, sabre en main,
Se battaient pour une bouteille,
Se battaient pour une beauté.
L'une était fragile et vermeille,
L'autre de même qualité !
Mais qui des deux l'emportera ?
Ah ! ah ! ah ! etc.

L'élégance vive et gracieuse de la mélodie, la manière dont les voix dialoguent et s'unissent, la grâce des deux femmes dans la lutte de leur assaut, et, enfin, les détails remplis de charme qui abondent dans l'instrumentation, font de ce couplet une petite œuvre complète et parfaite. Au second couplet, les deux objets désirés ne sont plus disputés par le sabre, mais par un coup de dés Les mêmes combinaisons se reproduisent, mais avec des variations dans l'orchestre. Dans le dernier couplet, une lutte de chant s'établit, et le tout se termine par un ensemble en quatuor dont les modulations ont une distinction charmante. Le rire communicatif qui saisit les quatre personnages à la fin de cette plaisante histoire, a fait naître chez Meyerbeer l'idée originale de le mettre en harmonie, ce qui produit un effet absolument nouveau.

Au quatuor succède le quintette par le retour de Catherine, qui, observant ce qui se passe dans la tente, jette un cri lorsqu'elle voit Péters embrasser les deux vivandières. Alors commence un charmant ensemble dans lequel se trouvent des modulations enharmoniques du plus grand effet. Le compositeur a très-bien compris qu'il ne devait pas donner à cette situation une couleur trop dramatique, quels que fussent les sentiments de Catherine, parce que la scène principale, c'est-à-dire celle qui se passe dans la tente, est la continuation de l'orgie. Après cet ensemble, le quintette continue avec des mouvements de scène qui changent les dispositions des voix par la sortie de Danilowitz et l'entrée de Gritzenko qui vient relever les factionnaires. Le dialogue qui résulte de ces mouvements jette tout l'intérêt musical dans l'orchestre ; puis le premier ensemble reprend dans une nouvelle combinaison qui le transforme en sextuor. Ce morceau est une des parties les plus importantes de l'ouvrage. Il se termine par une scène mélodramatique dans laquelle l'orchestre continue mystérieusement pendant le dialogue parlé.

Dans le finale, la situation devient forte, animée, périlleuse, et le génie du maître trouve l'occasion de se montrer dans sa puissance dramatique et dans la richesse de ses combinaisons. L'ensemble qui commence par ces paroles :

Dieu protecteur,
Sois mon vengeur.

est noble et large ; il se développe dans un crescendo d'effet. Le récitatif qui le suit est d'un très-beau caractère ; Pierre-le-Grand, cessant d'être le Péters des scènes précédentes, reprend toute sa dignité d'empereur. Cette transformation est parfaitement exprimée par le compositeur. On reconnaît Meyerbeer avec sa manière pittoresque dans ce passage où le personnage principal dialogue avec le chœur :

Venez, suivez-moi tous sous ce noble étendard !
Et vainqueurs je promets de vous livrer le czar.
Seul, sans défense,
Je le livre à vos coups.

Le chœur répond:

Seul ! sans défense,
Tu le livres à nous ?

Avec son habileté accoutumée, le compositeur donne à ce passage un très-vif intérêt par la manière dont il coupe ces vers.

Lorsque le chœur dit avec étonnement : Seul ! Pierre répond : Seul ! — *Tu le livres à nous ! — Je le livre à vos coups*. Tout cela dit avec des accents dramatiques et admirablement bien sentis.

A la suite de ce dialogue animé, et lorsque Pierre, s'étant fait reconnaitre, voit tomber à ses pieds ses sujets révoltés, le premier ensemble est repris avec de nouveaux effets dans l'instrumentation.

La marche sacrée, qui commence l'ensemble final, est une ancienne mélodie populaire allemande sur laquelle Meyerbeer a jeté toutes les richesses harmoniques et instrumentales de son génie. Bientôt, sur ce chœur général, arrive un régiment d'infanterie dont la musique, composée de fifres et de tambours, est l'exacte reproduction des marches militaires dans le nord de l'Europe. Pour des oreilles françaises, il y a, au premier abord, quelque chose d'étrange dans des combinaisons d'instruments de ce genre; mais quiconque a visité l'Allemagne sait que ces combinaisons, dans la situation dont il s'agit, sont de la couleur locale. Au moment où cette musique, écrite dans un ton différent de celui du chœur, cesse de se faire entendre, une autre musique, composée d'instruments de cuivre, annonce l'arrivée d'un autre corps de troupes. Elle est aussi dans un ton différent de celui du chœur, de l'orchestre et de la musique des fifres. Mais au moment où Pierre s'écrie :

> Écoutez !... écoutez !... le signal des combats !
> Allez, marchez, braves soldats !

les trois marches et le chœur se réunissent dans un ensemble formidable, et par une de ces combinaisons qui appartiennent à la nature du talent de Meyerbeer, elles concordent parfaitement ensemble, quoiqu'écrites dans des tons différents, et produisent un effet gigantesque.

A la première répétition générale où l'on voulut juger de l'ensemble de la pièce et de la musique, il y eut quelque embarras résultant de la difficulté de faire commencer à leur temps précis chacun des corps de musique pour les mettre en harmonie avec l'orchestre et le chœur, et aussi peut-être l'incertitude qu'il y avait dans les intonations des musiciens, préoccupés de ce qu'ils entendaient dans d'autres tons; et comme on ne manque jamais en pareil cas de porter un jugement sur un effet qui n'est pas rendu, il n'y eut qu'un cri de la part de ceux qui assistaient à cette répétition, sur la nécessité de supprimer cet ensemble, que tous déclaraient impossible. Meyerbeer savait à quoi s'en tenir à cet égard; mais ne voulant pas se mettre en opposition avec le sentiment du directeur, de l'auteur du livret et de quelques autres personnes qui ne tenaient ce langage que par intérêt pour le succès de l'ouvrage, il déclara qu'il était prêt, non à couper un morceau important, parce qu'il avait l'intention de l'employer ailleurs, mais à composer un nouveau final, et qu'il allait se mettre immédiatement à l'ouvrage pour l'écrire rapidement. Mais à cette résolution, qui devait retarder de huit jours la représentation de *l'Étoile du Nord*, parce qu'il aurait fallu du temps pour faire la copie de toutes les parties de ce final nouveau, pour l'apprendre et pour en faire les répétitions d'ensemble, le directeur et les chanteurs prirent la détermination de courir les chances de ce grand morceau tel qu'il était. Ce qui était facile à prévoir, pour qui connaît l'expérience de Meyerbeer dans les effets qu'il veut produire, tout s'éclaircit dans les répétitions suivantes, et le final produisit un effet immense à la représentation.

Au troisième acte, le besoin du dénoûment se fait sentir, et l'on comprend qu'il y a peu de place pour la musique jusqu'à l'arrivée de Catherine en scène, car c'est sur elle que se porte l'intérêt. Deux morceaux pleins de charme ont cependant été placés par l'illustre compositeur dans les scènes qui précèdent son entrée. Le premier est une romance chantée par Battaille, mélodie mélancolique et noble dans laquelle Pierre déplore la perte de celle qu'il aime et qu'il voudrait placer sur le trône. L'originalité, la distinction, s'y font remarquer comme dans toutes les parties de cet ouvrage. L'accompagnement du second couplet par les violons dans la région la plus élevée de l'instrument, avec des sourdines et *pianissimo*, est d'un effet neuf et mystérieux.

L'autre morceau dont je viens de parler est aussi une romance que chante Mlle Lefebvre. Celle-ci est d'un autre caractère. Naïve, gracieuse, élégante, la mélodie a aussi le cachet d'individualité que Meyerbeer donne à tout ce qu'il fait. Un rien, mais un de ces riens où l'artiste se révèle, termine cette romance de la manière la plus heureuse et en assure le succès. En parlant des ruisseaux près desquels Prascovia s'arrêtait avec Georges son époux, et qui roulaient leurs flots amoureux sur la verdure, elle dit :

Et nous rêvions près d'eux

à quoi Georges reprend :

Tous les deux !

La musique a, sur ces mots, une naïveté douce et charmante qui enlève toujours les applaudissements du public.

Dans ce même acte sont deux morceaux de proportions plus développées : le talent du maître n'y a pas été plus en défaut que dans les autres parties de l'ouvrage ; mais les situations peu naturelles nuisent essentiellement à l'effet de la musique. L'un est un trio pour deux basses et ténor, chanté par Battaille, Hermann-Léon et Mocker. J'ai dit, dans un premier article, qu'il n'est point admissible qu'un simple soldat entre, sans y être appelé, dans le cabinet du czar Pierre Ier ; qu'il l'est encore moins qu'il y reste après avoir rempli sa mission, et qu'il ose demander lui-même de l'avancement à son empereur ; enfin que la colère de Pierre, excitée par les balourdises de ce soldat, ne mette pas en fuite celui-ci, et que la situation se prolonge sur cette donnée; or, lorsque le spectateur éprouve le malaise que fait toujours naître une situation fausse, il n'y a point de talent, point de génie qui puisse empêcher que la musique prolonge cette situation et en rende les défauts plus sensibles. Quel que soit donc le trio de Meyerbeer, considéré isolément et au point de vue purement musical, il ne peut produire l'effet des autres morceaux de l'opéra.

J'en dirai autant du duo qui suit la sortie de Gritzenko, lorsqu'il vient d'annoncer à Georges qu'il sera fusillé. La frayeur que produit cette menace peut être le sujet de quelques naïvetés plaisantes qui courent rapidement ; mais la musique, avec ses développements obligés, ne marche pas aussi promptement, et la prolongation de la scène est d'autant moins admissible, qu'elle est un obstacle à ce qui seul peut avoir de l'intérêt pour le spectateur, c'est-à-dire à l'arrivée de Catherine dans le même lieu. C'est là le nœud ; c'est désormais le sort de cette jeune fille que le public veut connaître, et c'est de cela seul qu'il faut s'occuper. Le duo, en lui-même, est sans doute très-original ; mais la situation empêche de l'entendre avec l'attention qu'il mérite et avec la disposition qui seule pourrait lui faire produire son effet.

Le *finale* amène enfin la situation attendue, et le compositeur ressaisit alors sa puissante action par la force dramatique, qui est un de ses caractères distinctifs. J'ai dit, dans un premier article, que le sujet de ce finale est Catherine, privée de la raison par l'effet de ses malheurs, mise en présence de son village, de sa maison, de ses amis, et retrouvant ses facultés par les souvenirs de bonheur qu'ils lui retracent, ou plutôt par le souvenir de celui qu'elle aime, de ce Péters qui n'est autre que le souverain d'un grand empire. Une suave mélodie exprime le sentiment mélancolique auquel Catherine est en proie à son entrée en scène. Déjà il y a un retour vers la raison, indiqué par ces vers :

Quelle douce lueur succède
A la nuit qui couvrait mes yeux !
O ma mère, viens à mon aide !
Suis-je sur terre ou dans les cieux ?

Meyerbeer a mis un charme extrême dans ce chant, dont la coupe est celle d'une cavatine, avec le retour au premier thème. A la suite de cet air si doux et si pur, on comprend que le but de la scène que le czar fait mettre sous les yeux de Catherine, doit ramener les chants du premier acte, qui établissent l'identité de cette scène avec la réalité. Ainsi le chœur des ouvriers finlandais par lequel commence l'introduction de l'ouvrage,

Sous cet ombrage,
Après l'ouvrage,
Délassons-nous de nos travaux.

l'air de Danilowitz,

Voici !... voici !... qui veut des tartelettes ?

et enfin le joli chœur des jeunes filles aux noces de Prascovia et de Georges,

Prenez vos habits de fête, etc.

se font entendre tour à tour et réveillent les souvenirs de Catherine. Tout cela est entremêlé de mélodrame où l'orchestre se fait entendre doucement pendant un dialogue parlé, puis des chants de la jeune fille. Tout à coup son émotion s'accroît par les sons de la flûte de Péters qui lui rappellent l'air qu'il jouait autrefois; sa voix se joint à l'instrument et forme avec lui un duo rempli de fioritures élégantes et de combinaisons brillantes; puis Catherine invite son frère à se joindre à sa voix et à l'autre flûte, et tous trois forment un trio dont l'effet appelle toujours les applaudissements enthousiastes du public. On sait comment se termine la scène. Un chœur général complète le final.

Dans cette longue analyse, j'ai tâché de faire comprendre à mes lecteurs par quelles qualités éminentes l'illustre auteur de *l'Étoile du Nord* a mis le sceau à sa gloire dans un ouvrage absolument différent de ses autres grandes productions, et par quoi il a mérité les applaudissements enthousiastes du public et les éloges unanimes de la presse. Il reste maintenant à ce bel ouvrage à faire ce qu'ont fait ses aînés, c'est-à-dire à faire triomphalement le tour du monde, la fortune des entreprises dramatiques et le charme de tous les salons.

FÉTIS père.

L'ÉTOILE DU NORD,

Feuilleton du journal des Débats, du 21 février 1854.

On plaisante sur la longueur des répétitions des opéras de M. Meyerbeer, sur les précautions minutieuses qu'il prend pour qu'aucun détail de la plus mince importance ne soit négligé, sur ses expériences, ses essais et le secret dont il les entoure ; mais en somme il arrive à de magnifiques résultats, et le public n'a rien à voir là dedans, où, s'il examine la question, il ne peut, en considérant *la fin*, que donner raison au maître qui emploie *les moyens* qu'il juge convenables. Oui, on a répété *l'Étoile du Nord* à l'Opéra-Comique pendant cinq grands mois, sinon davantage, mais l'exécution en est excellente dans son ensemble, mais les plus incroyables difficultés de mise en scène de la partition y sont vaincues avec un imperturbable aplomb, mais chacun s'étonne qu'un pareil tour de force ait pu être fait sur ce théâtre, et on applaudit et on admire. Donc le but est atteint, donc le chemin que l'auteur a pris pour y arriver est le bon chemin. Sans une scène de dialogue, qui a paru longue surtout à cause du caractère et de l'*esprit* du principal personnage, le niais de la pièce (car M. Scribe n'a pas cru devoir se passer du niais de mélodrame), l'intérêt dramatique n'eût pas langui un instant ; quant à l'intérêt musical, il a été constamment d'une extrême vivacité, M. Meyerbeer, qui ne commet pas, lui, d'anachronisme et qui connaît son monde, s'étant complètement abstenu d'aborder le genre niais

Au premier acte, nous sommes dans un village de Finlande : des paysans chantent et dansent et boivent force *schnik* (c'est le terme employé par l'auteur de la pièce). Vient un marchand de macarons (ce sont de drôles de macarons que les macarons de Finlande où les pâtissiers ne sont pas et n'ont jamais été des élèves de notre grand Félix, de cet homme illustre qui fait la gloire du passage des Panoramas et pour qui semble avoir été fait ce vers célèbre :

Donec eris Felix multos numerabis amicos).

Quoi qu'il en soit de la grossièreté fort probable de l'art du jeune pâtissier, il semble néanmoins compter beaucoup d'amis parmi les paysans, car c'est à qui lui fera fête et lui offrira du schnick, de ce fameux schnick, qu'il accepte de toutes mains. Survient un grand gaillard à l'œil étincelant, au geste superbe, à la voix impérieuse : c'est *Peters* le charpentier. Pourquoi Peters ? d'où diable sort ce nom ? dans quel pays dit-on Peters, et pourquoi pas Pierre tout bonnement ? Enfin, si c'est l'idée de l'auteur, et s'il trouve Peters plus poétique, va pour Peters.

Ce Peters est un garçon charpentier, querelleur et ivrogne. Il n'a pas fait trois pas, il n'a pas dit trois mots, qu'il trouve le moyen d'engager une querelle avec les autres ouvriers qui se divertissaient à boire du schnik. Heureusement la cloche de l'atelier vient les rappeler tous au travail et mettre fin à la rixe qui menaçait de devenir sanglante. Peters reste seul avec le pâtissier Danilowitch Nous apprenons par leur conversation que Danilowitch s'ennuie de faire des brioches, et qu'il a envie d'aller servir le czar Pierre, un brutal, il est vrai, mais qui a de la tête et du cœur ; un de ces hommes qui savent tout, qui font tout. Le czar fait même de la musique ; il a composé une marche pour son armée, et cette marche, dit-on, électrise tellement les soldats qu'on l'a surnommée la marche sacrée. Peters ne sait guère, lui, ce qu'il voudrait. Il est étranger. En traversant ce village, il fut, il y a quelques mois, frappé d'un coup de sang. Il gisait abandonné sur le bord d'un fossé quand une jeune fille vint le secourir et sut le rappeler à la vie

C'est Catherine, qui tient avec son frère une espèce d'auberge où l'on vend du schnik. Ils sont l'un et l'autre enfants d'une bohémienne jadis célèbre parmi les peuplades de l'Ukraine. Depuis cet accident, Peters ne peut se décider à quitter le village ; sa reconnaissance pour Catherine s'est bien vite changée en amour, et en amour violent, impétueux, terrible, comme sont tous les sentiments de Peters. Elle le tient en bride cependant ; Catherine est une fille fière, noble de cœur et d'une franchise à toute épreuve. Elle a déjà reproché à Peters ses emportements sauvages, son penchant à l'ivrognerie ; elle ose même lui dire qu'avec toutes les bonnes qualités qu'il possède il n'arrivera jamais à rien, faute de persévérance ; il commence tout et n'achève rien, dit-elle ; son esprit manque de consistance et de ténacité. Peters est profondément blessé de ces reproches et jure qu'il prouvera combien peu ils sont mérités. Il donne d'abord sa parole à Catherine de ne plus s'enivrer, et ne demande qu'un peu de temps pour montrer à tous la puissance de sa volonté. Le frère de Catherine est, lui aussi, amoureux, et assez enclin à désespérer du succès de la demande qu'il a faite de la main de celle qu'il aime. Heureusement Catherine, qui a l'instinct de tous les dévouements, se charge d'arranger l'affaire et part pour aller voir les parents de la jeune fille. En son absence arrive dans le village une troupe de Baskirs, sauvages bandits qui pillent, brûlent et saccagent tout. Catherine, à son retour, est témoin de la terreur de ses voisins, de celle de son frère et de la fureur de Peters qui, armé d'une hache, se met en posture de combattre seul les bandits. Elle rassure tout le monde, calme Peters, lui défend de se montrer et se charge de renvoyer les Baskirs. En effet, au moment où la troupe barbue s'en vient du côté de la maison de Catherine pour la piller, celle-ci en descend vêtue en bohémienne et le tambour de basque à la main. Quelques mots qu'elle prononce la font reconnaître aux sauvages pour la fille de leur fameuse sorcière dont le souvenir n'a rien perdu de son pouvoir sur leur esprit. Ils l'entourent avec une crainte respectueuse. Catherine lit dans leurs mains, leur dit la bonne aventure, chante, les ensorcelle, et finit par les entraîner loin de sa maison en leur prédisant de grands malheurs s'ils ont l'audace d'en approcher. Pendant toute cette scène, Peters frémissant a eu le courage de rester inactif derrière un buisson, appuyé sur sa hache et admirant le sang-froid et la présence d'esprit de sa bien aimée. Aussi quel enthousiasme pour elle quand il la revoit! qu'elles protestations ! Catherine est assez contente de lui. Tout va d'autant mieux qu'elle est parvenue à lever les difficultés qui s'opposaient au mariage de son frère; il va avoir lieu. Mais voici bien une autre affaire; le chef de la troupe des Baskirs, qui est sergent recruteur apparemment, a exigé du *bourgmestre* (c'est donc encore un nom usité en Finlande) une levée de douze homme qui devront partir dans quelques heures avec sa troupe. Or le frère de Catherine est du nombre de ceux qu'a désignés le sort, et il lui faudra suivre les Baskirs s'il ne trouve pas de remplaçant.

Désolation de la fiancée qui ne peut s'accoutumer à l'idée de se voir enlever son mari... avant le mariage. Catherine arrange encore cette grave affaire sans en rien dire à ses amis, et obtient du recruteur qu'il acceptera, pour quelque temps au moins, un remplaçant. Ce remplaçant n'est autre que Catherine elle-même,qui, vêtue en jeune soldat, s'éloigne avec les Baskirs, juste au moment où l'on célèbre à la chapelle le mariage de son frère. Tout cela se passe avec l'aisance et le sans-gêne que met M. Scribe dans ses rapports avec l'invraisemblance. Le tour est fait, il n'y a pas le plus petit mot à dire. Et quand même on le dirait, ce petit mot, le tour n'en serait pas moins fait. Au second acte, la scène se passe dans je ne sais qu'elle partie de la Russie. Le Baskir recruteur est devenu caporal de grenadiers dans la garde impériale, Peters est capitaine dans le même régiment, et son ami Danilowitch, le patissier, l'y a suivi comme lieutenant. Catherine est simple soldat.

Au lever de la toile, soldats et cantinières dansent encore; M. Scribe ferait danser les gens... sur un volcan. On chante des couplets patriotiques et guerriers. Le caporal de *grénatiers* (d'après sa prononciation alsacienne) vient à son tour *jander* la *gloire* de son *gorps*. Ah ça (encore une question !), pourquoi cet imbécile s'avise-t-il d'avoir l'accent alsacien? qu'a de commun l'Alsace avec la Russie et la Tartarie? quel charme y a-t-il dans cette absurdité? C'est d'une bêtise affreuse ; cela rappelle les plus écrasantes imbécillités des vieilles pièces du boulevard. Dans une scène très longue, ce *crétin* (c'est sa manière de prononcer gredin) de Baskir d'Alsace, que j'appellerai, faute de savoir son nom, Bestialoff-Stupidowich, raconte comme quoi il est étonné de la ressemblance de son nouveau jeune soldat avec une fille bohémienne qu'il a vue dernièrement en Finlande : « Ah oui, c'était ma sœur, » dit celui-ci. Bestalioff ajoute qu'un des officiers du régiment lui a donné de l'argent pour distribuer divers papiers, mais qu'il n'a pu les remettre à leurs adresses ; il ne sait pas lire. « Donne-les-moi, dit le petit soldat, je les lirai. » L'autre les lui donne, et Catherine découvre aussitôt le plan d'une conspiration militaire contre le czar.

Bientôt les conjurés eux-mêmes se montrent; officiers et soldats. apprenant que l'usage du knout va être introduit dans l'armée, sont prêts à se révolter. Cependant on dresse une tente, le capitaine Peters et son lieutenant Danilowitch vont y venir souper, et Bestialoff place le petit soldat en sentinelle auprès de la tente. Les deux convives surviennent et boivent d'abord assez modérément; mais on se provoque, on s'anime, et le vin de Champagne et le rhum, et même le schnik, ce cher schnik, coulent bientôt à flots. Peters a oublié le serment qu'il fit à sa bien-aimée de ne pas s'enivrer et il s'enivre tout à fait. Catherine, qui regarde par une fente du pavillon et reconnaît Peters dont elle ne comprend pas la subite élévation, dit d'abord : « Ah ! que c'est mal de boire ainsi ! » mais quand Peters en vient à porter la santé de sa *divine, incomparable* Catherine, celle-ci reprend son refrain avec une légère variante et dit : « Ah ! que c'est bien de boire ainsi ! » Sa joie pourtant va bientôt finir. Deux vivandières accortes et avenantes osent s'introduire auprès des buveurs ; chacun en prend une, et comme Danilowitch ne tarde pas à aller tomber dans un coin, Peters les prend toutes les deux, et leur dit mille tendresses *schni-*

kées. Catherine à ce spectacle tombe dans la plus violente agitation. Stupidoff-Bestialowich vient la relever de garde, mais Catherine refuse de s'éloigner, et dans son désespoir oublie la discipline jusqu'à résister ouvertement à son chef et à donner un soufflet à Bestialoff. Le jugement du petit soldat est bientôt instruit; on vient le soumettre au capitaine Peters, qui le confirme et ordonne de fusiller le souffleteur. Le condamné a beau s'élancer dans la tente, se placer en face du capitaine, lui crier d'une voix déchirante: « Peters! Peters! regarde-moi! regarde-moi! » Peters, qui est ivre mourant, lève sur elle un regard égaré, ne la reconnaît pas et balbutie : « Qu'on le fusille ! » A peine les exécuteurs et la victime ont-ils disparu, qu'une lueur se fait dans le cerveau de Peters; les traits de Catherine s'y retracent, il commence à comprendre que c'était elle. Il tremble, il chancelle, se redresse, lutte à force de volonté contre l'ivresse et parvient à la dompter, puis, retrouvant la voix et la parole : « Arrêtez! courez! s'écrie-t-il, qu'on suspende l'exécution, je le veux! » Stupidowich arrive : il est trop tard ; le soldat, au moment de subir sa sentence, s'est élancé dans la rivière et a voulu fuir à la nage, mais un bon coup de mousquet en a fait justice et il n'a plus reparu. Catherine, avant d'exécuter cette brillante retraite aquatique, a pourtant trouvé le moyen (telles sont les ressources de son esprit), d'écrire à Peters et de lui faire parvenir avec sa lettre la liste et le plan des conspirateurs. Quelle tempête dans l'âme de Peters! Sa maîtresse perdue, morte sans doute, une bande de traîtres qui l'entoure, le désespoir, l'indignation, la fureur, et la nécessité d'être calme pour dominer une telle situation.

Peters se rend au milieu des conjurés ; le chef du complot les avertit que le signal sera donné par la musique militaire jouant la marche sacrée. Puis, apercevant Peters : « Etes-vous des nôtres? lui dit-il. — Sans doute, et je me fait fort de vous livrer dans quelques instants le czar lui-même seul et sans défense. » Tous, et Peters comme les autres, jurent alors de *délivrer* le pays. La marche sacrée retentit. « Où donc est le czar, s'écrie le chef des conjurés. Le voici ! dit Peters en découvrant sa poitrine ; le czar Pierre, c'est moi ! je suis seul, frappez ! » Et tous de tomber à genoux, foudroyés par tant de majestueuse audace. Ce final, où Battaille a montré un beau talent d'acteur, est d'un grand effet.

Au troisième acte, nous n'avons plus de Peters, mais le czar Pierre, qu'on ne méconnaît plus et qui est en proie au chagrin le plus profond. Il croit Catherine morte. Son aide de camp, le fidèle Danilowitch, vient le tirer d'erreur : Catherine existe, mais elle n'en est pas moins perdue pour Pierre. A ces mots, l'empereur entre en fureur ; il la croit mariée ; il voudrait exterminer le ciel et la terre. C'est justement ce mauvais moment que choisit le caporal Stupidoff-Bestialowitch pour venir faire valoir auprès de S. M. ses droits à l'avancement. « J'ai reçu un soufflet, Sire, et c'est moi qui ai tiré sur le soldat qui me l'avait donné le coup de mousquet... — C'est toi qui l'as tuée, misérable ! Qu'on le fusille à l'instant ! » Le Stupidoff ne s'attendait guère à cette manière de quitter les galons de caporal. Pendant qu'il est occupé à trembler de tous ses membres, arrivent deux jeunes gens, mari et femme, de la Finlande, l'empereur ayant donné l'ordre de laisser entrer au palais tous les gens de ce pays, dans l'espoir que l'un d'eux lui apporterait quelque jour des nouvelles de sa chère Catherine ; ce sont nos anciennes connaissances, Georges Scabrouski (son nom me revient à présent), frère de Catherine, et sa gentille fiancée, maintenant sa femme.

Ce brave garçon a su le dévouement de sa sœur, qui est partie à sa place afin qu'il pût se marier, et il vient, au déclin de sa lune de miel, reprendre son poste sous les drapeaux et relever de garde cette bonne sœur dont il ignore les malheurs. Or, Catherine est retrouvée, mais sa raison est perdue. Danilowitch n'a pas encore eu le courage de l'avouer à l'empereur. Le czar, en passant devant un appartement du palais, a cru reconnaître la voix de sa pauvre Catherine. Il accourt éperdu : « Qu'est-ce que cela signifie ? » Danilowitch alors avoue tout, et Pierre s'écrie : « Je la guérirai ! » Il donne tout bas ses ordres à l'aide de camp.

Catherine paraît, chantant un air qu'elle a souvent entendu jouer sur la flûte par Peters, en Finlande; bientôt elle entend sa mélodie répétée à quelque distance par cette même flûte dont le son lui est si connu; puis arrivent des paysans Finois ou Finlandais en costume de fête, comme nous les avons vus au premier acte. Parmi eux se trouve aussi le pâtissier Danilowitch vendant ses macarons. « Eh bien! Catherine, qu'as-tu donc à rêver? Verse-nous du schnick et vive la joie! » Le fond du théâtre s'ouvrant doucement laisse voir une imitation fidèle de la maison de Catherine dans son village; la folle retrouve à ses côtés son frère donnant le bras à sa fiancée; la flûte reprend l'air de Peters. Catherine lui répond et commence un trait, quand le czar, qui n'y tient plus, s'élançant auprès d'elle, Catherine le reconnaît, interrompt son chant par un cri et tombe évanouie. Pierre la soutient dans ses bras, fait un signe à Danilowitch; on apporte la couronne impériale, on la place sur la tête de Catherine, qui renaît enfin impératrice de toutes les Russies, et retrouve la raison dans un bonheur qui, si elle eût été dans son état naturel, était capable de la lui faire perdre.

Voilà tout ce que je sais de cette pièce tissue de ficelles dramatiques un peu usées, mais disposées on ne peut mieux pour donner carrière aux fantaisies, aux caprices, aux recherches savantes, aux charmantes inventions, aux délicatesses, aux somptuosités d'un génie musical qui a besoin de lumière et d'espace. Et Dieu sait si M. Meyerbeer en a profité. La partition de *l'Etoile du Nord*, que je n'ai encore entendue qu'une fois, me semble l'une des plus complètes qu'ait écrites M. Meyerbeer. C'est merveilleux de variété, d'élégance, de fraîcheur d'idées, d'originalité, d'audace et de bonheur. A côté des plus jolies, des plus coquettes chateries musicales, on y trouve des combinaisons effrayantes de complexité, des traits d'expression passionnés d'une vérité saisissante. On a souvent dit et répété que c'était la musique du *Camp de Silésie*, opéra donné à Berlin et à Vienne par M. Meyerbeer il y a sept ou huit ans. La vérité est que cinq morceaux seulement sont em pruntés à cette partition, et celle de *l'Etoile du Nord* en contient dix-neuf.

L'ouverture débute par un mouvement de marche franc et distingué; elle contient deux mélodies très-heureuses, de beaux développements, et se termine par un *tutti* pompeux auquel la musique militaire placée derrière la toile vient prendre part.

Les couplets du marchand de macarons sont d'une jolie forme mélodique, et le chant y est accompagné par de charmants dessins d'instruments à vent. Une phrase vocalisée, d'un caractère violent, sert d'entrée à Péters et amène un très-beau chœur, dont le thème, reproduit successivement en imitations par les ténors et les soprani, est d'un effet entraînant. Le chœur est un instant abandonné à lui-même ; les voix, comme de coutume en pareil cas, ne manquent pas de baisser aussitôt, et c'est grand dommage, car le sujet principal est ramené au moment de la rentrée de l'orchestre avec le plus rare bonheur. Comme je vais être bientôt à court d'épithètes admiratives, je me vois forcé de citer seulement les divers morceaux et quelques détails de leur facture qui m'ont le plus frappé, déclarant d'avance que dans tout le cours de ce splendide opéra, je n'en ai pas découvert un seul qui ne m'ait paru remarquable par l'une ou l'autre des qualités qu'on prise le plus dans la composition musicale, et souvent par plusieurs de ces qualités réunies. L'air de la fiancée de Georges, *Que j'ai peur!* dont le chant et l'accompagnement sont exquis, se termine en quatuor vocal, et une mélodie instrumentale chantée par les premiers violons vient y contraster à la fin avec le *canto parlato* de la jeune fille.

Celui du Baskir, *Au fond de l'Ukraine*, avec chœur d'hommes, brille surtout par sa sauvage énergie. Rien ne manque au chant bohémien de Catherine, qu'un triangle donnant une note juste et d'accord avec les autres instruments. Je m'étonne que M. Meyerbeer n'en ait pas fait faire dans les divers tons dont il avait besoin ; ce bruit discordant fait loucher l'harmonie et gâte les plus piquantes combinaisons. Dans le duo suivant, j'ai trouvé une excellente opposition établie entre le babil joyeux de Catherine et les accents de sensibilité concentrée de Péters, dont le solo

A toi ma bien-aimée,
A toi mon avenir !

touche et émeut vivement. La stretta *Au bruit des trompettes*, est curieuse par la vélocité et l'enchevêtrement mélodique des vocalisations de Catherine. L'air sanglotant de la fiancée se termine par une *coda* en mouvement de polonaise à deux voix, dont l'une pleure et l'autre rit aux éclats. C'est piquant et charmant, l'orchestration en est parfaite ; les clarinettes, surtout, y sont merveilleusement employées.

Le final *Prenez vos habits de fête*, est rempli d'effets d'*instrumentation vocale*, si je puis ainsi dire, de la plus gracieuse originalité ; il faut citer surtout la phrase syllabique des contralti et le passage où les soprani, faisant un saut d'octave de bas en haut, accompagnent ainsi la mélodie placée dans les parties intermédiaires. Cette note octaviée est attaquée d'ailleurs sur le second temps de la mesure à trois temps, ce qui donne au rhythme un délicieux balancement. A l'arrivée des Baskirs recruteurs intervient une modulation pleine d'à-propos, puis un crescendo syllabique conduisant à un grand ensemble, et pour le mariage de Georges, à un court morceau religieux sur lequel flotte comme une voix d'ange, celle de Catherine partant avec les soldats et adressant de loin ses adieux à son pays.

La redowa qui ouvre le second acte a cela de singulier, que le chant s'y trouve confié aux contre-basses, et que tout l'orchestre, en conséquence, l'accompagne à plusieurs octaves au-dessus. Rien de plus ingénieusement combiné et de mieux trouvé que la chanson soldatesque en style de fanfare, si ce n'est la phrase des trompettes chromatiques qui s'y joint. J'en dois dire autant du riche morceau d'ensemble pendant lequel les troupes font l'exercice. Là se trouve une belle phrase vocale du chœur, sous laquelle un rhythme régulier et pressé coïncide avec les pas des soldats.

Les petites flûtes y sont employées avec autant d'à-propos que d'esprit. Ce morceau a été redemandé. Une chose magistralement conçue et aussi magistralement exécutée par le compositeur, c'est le trio des deux buveurs sous la tente et de Catherine se désolant dehors. Et pourtant, ce n'est en quelque sorte que le prélude de la scène suivante, à laquelle viennent prendre part deux jeunes vivandières. Celles-ci débutent par un duettino tout neuf qu'elles chantent en simulant un combat, en contrefaisant les habitudes soldatesques, et entremêlant leur chant de toutes sortes de roulements vocaux faits tantôt avec le bout des lèvres, tantôt avec la langue contre les dents, tant soit peu *vivandiers* si l'on veut, mais curieux et amusants. Ce morceau encore a été bissé. La scène se termine par un quintette que j'appellerai savant, sans craindre que ceux qui l'ont entendu prennent cette épithète en mauvaise part. Il y a science et science : il y a celle qui ennuie, celle qui assomme, et celle qui cause un étonnement agréable, une admiration irrésistible ; cette dernière est la seule vraie. Quelques auditeurs ont trouvé ce quintette trop long ; je ne suis pas de ceux-là, et je crois qu'on n'y pourrait rien retrancher impunément. Et voici venir le gigantesque final. Il débute par un serment : *Dieu protecteur*, entonné par Péters, auquel succède la marche sacrée jouée par l'orchestre ; après quoi viennent s'amonceler sur cette marche la fanfare de cuivre d'une part, le pas redoublé des fifres et des tambours de l'autre, celui-ci en *ré* mineur, celle-là en *si* bémol, et enfin, à un moment donné par l'action dramatique, le serment du chœur reprenant, ces nuages harmoniques se fondent, crèvent tous à la fois, et versent leurs torrents sur l'auditeur émerveillé. Et tout cela sans confusion, sans désordre, sans que l'oreille éprouve un instant d'indécision. C'est grandiose, c'est monumental, c'est impérialement beau. Voilà encore de la vraie science, de celle qu'on ne trouve que chez les hommes inspirés. A la dernière mesure de ce final, la salle tout entière s'est levée, et les auditeurs même dont les habitudes musicales sont les plus frivoles, et dont l'intelligence, par conséquent, est peu ouverte à de pareilles conceptions, se sont sentis frappés au moins autant d'admiration que d'étonnement.

Quand, à onze heures et demie, les soirs de première représentation, l'acteur principal d'un nouvel opéra se présente sur l'avant-scène au début du troisième acte pour nous chanter un air, j'avoue que mon plus vif désir en ce terrible instant serait que le plancher du théâtre vînt à s'abîmer sous ses pieds, et que le chanteur disparût dans le troisième dessous. C'est pour la première fois. jeudi dernier, que j'ai entendu avec plaisir à l'Opéra-Comique l'air du troisième acte. Cet air, ou plutôt cette romance chantée par Battaille, brille surtout par le sentiment profond dont la mélodie est empreinte, et par la simplicité même de cette mélodie. On voit que le compositeur, en prenant la plume, avait réellement quelque chose à écrire, une pensée à exprimer, et qu'il ne se *résignait* pas à égrener des notes pour contenter son premier chanteur réclamant l'air de *rigueur*.

La romance de Battaille est un des meilleurs morceaux de la partition. Mais quel est ce charmant refrain repris à deux voix par Georges et sa femme? C'est celui de couplets dans lesquels celle-ci raconte le voyage qu'ils ont fait à pied de leur village de Finlande jusqu'au palais de l'empereur. Les oiseaux chantaient, se becquetaient, folâtraient, et nos deux amoureux

Faisaient comme eux
Tous les deux.

Comme c'est frais, souriant, caressant! C'est du style de l'églogue antique. C'est délicieux. (Autre *bis*). L'andante de Catherine folle, dont le beau désordre mélodique est l'un des plus heureux effets de l'art, est accompagné par trois parties de violoncelles et une harpe, pendant que d'ingénieuses phrases épisodiques sont dessinées par les autres instruments de l'orchestre. Enfin, l'air avec les deux flûtes obligées est l'une des choses les plus excentriquement gracieuses que l'on puisse entendre ; les trois instruments (je compte la voix pour un) s'y interrogent, s'y répondent, se poursuivent, s'enlacent, s'étreignent avec le plus rare bonheur :

> Ce ne sont que festons, ce ne sont qu'astragales.

Mais je serais bien fâché que l'on sautât seulement deux mesures *pour en trouver la fin*. D'ailleurs, cet air est parfaitement lié à la scène, et il amène le dénoûment de la façon la plus naturelle et la plus inattendue.

Voilà donc un bel *opéra nouveau ;* voilà un succès réel, solide, vigoureux, armé ; succès pour l'auteur, succès pour les exécutants, succès pour le théâtre et succès énorme pour l'éditeur. En va-t-on vendre de ces airs, de ces romances, de ces couplets, de ces duos de vivandières, de ces redowas, de ces marches, de ces chansons de soldat ! Il y a longtemps que le commerce de musique ne se sera trouvé à pareille fête.

Pour en revenir à l'*Étoile du Nord*, ai-je besoin de dire catégoriquement que la première représentation de cet ouvrage, dont la mise en scène est aussi soignée que l'exécution, a obtenu un succès immense ? L'Empereur et l'Impératrice, qui assistaient à cette représentation, ont eux-mêmes donné fort souvent le signal des applaudissements, et sont restés jusqu'au moment où M. Meyerbeer, appelé à grands cris, s'est vu forcé de faire sur la scène une courte apparition.

H. Berlioz.

www.ingramcontent.com/pod-product-compliance
Ingram Content Group UK Ltd.
Pitfield, Milton Keynes, MK11 3LW, UK
UKHW020413180726
13839UKWH00003B/1314

9 782329 558035